# 青森キリスト者の残像

◉木鎌耕一郎
Koichiro KIKAMA

イー・ピックス

◉まえがき——本書の構成

出会いはいつも偶然である。嬉しい出会いもあれば、傷つく出会いもある。われわれは、そのような大小様々な出会いの積み重ねによってのみ、自己の人生を豊かなものとすることができ、成長へと促される。そして、歩んできた道を振り返った時、偶然に過ぎなかったはずのいくつもの出会いが、決定的な意味をもっていたことに気づかされる。

出会いはまた、常に具体的である。出会う両者それぞれが、個性をもっていることに加え、その地の気候、風土、生活習慣のあり様、またそれぞれの時代の特徴が反映されていく。そうした具体性により、出会いはユニークな事象を生み出す源泉となる。

他方で、多くの場合、出会いは隠されている。とりわけ、出会いによって個人の内面に生じた変化は、その者の心の奥深くに沈み、それを知ろうとしても、わずかな「残像」をたよりに推測するしかない。歴史上のある人物が経験した出会いがどのようなものであり、その者にとって何を意味したかを探ることは、限られた道具をもとに、鉱脈を探して穴を掘る鉱夫の仕事に似ている。

本書は、青森とキリスト教の出会いについて記したものである。

日本とキリスト教の出会いには、少なくとも二回の顕著な時期があった。第一の出会いは、イエズス会を中心とするカトリックの宣教師たちが来日した十六世紀、室町末期の戦国期から安土桃山時代の頃である。第二の出会いは、日本が鎖国を解いて西洋の文物や制度を受け入れた明治の頃である。青森の地でも、同じ時期にキリスト教との出会いがあった。本書は、この二回の出会いの時期に起こったいくつかの事象を検証し、三部構成で紹介していく。第一の出会いについては、第一部「青森とキリシタン」で扱う。第二の出会いについては、第二部「明治期における青森のキリスト者たち」と第三部「青森飢饉とウェストン」で扱う。以下に、それぞれの内容について、概略を示しておこう。

青森とキリスト教の最初の出会いは、キリシタンの時代であり、舞台は津軽である。

キリシタンの時代とは、スペイン出身のイエズス会司祭フランシスコ・ザビエルらが、一五四九（天文十八）年に来日してから、禁教、迫害、弾圧に至るまでの約百年間をさす。この期間は一般に「キリシタンの世紀」と呼ばれ、青森県との関わりが見られるのはその後半であり、そこには二つの局面がある。

一つは、津軽藩を築いた津軽為信とその息子信建と信牧が、京都、大坂でキリスト教に触れ、為信は受洗に至らなかったが二人の息子が受洗したことである。

もう一つは徳川家康の禁教令により、京都・大坂の士族信者が津軽に流刑となったことである。流刑者を司牧するため、数人の宣教師が津軽に潜入している。また流刑者と彼らに感化されてキリシタンとなった人々に殉教者が出ている。

第一部「青森とキリシタン」では、二つの局面のうち、第一の津軽為信父子とキリスト教との接点に焦点を当て、中でも津軽為信がキリスト教に接近することになった「契機」と「動機」について考察する。その過程で、これまで注目されてこなかった津軽為信と高山右近との接点に触れていることが、第一部の特徴である。

青森とキリスト教の第二の出会いは、明治時代である。

第一と第二の出会いは、時間にして二世紀余り隔たっている。この間は、キリスト教の日本布教にとって「断絶」であった。長崎における「信徒発見」の出来事のような「連続性」も見出されるが、青森にとっては基本的にまったく新しい状況下での出会いと言わねばならない。

東北地方は幕末維新期に、時の権力構造に翻弄されていた。青森県地域では津軽と南部が戊辰戦争で敵対する立場となり、互いに疲弊し、不遇を舐めた。激動の時代の中で、新しい生き方を模索した東北の士族階級の中に、各地に設けられた開港地で宣教師らに学ぶ者が現われた。彼らはキリスト教信仰を新しい精神的支柱とし、社会的な活動に携わっていった。青森にもそのような人たちがいた。

二つの出会いを挟む断絶期に、キリスト教の側も大きく様変わりした。開国後の日本を訪れたのは、カトリックだけではなく、ロシア正教（ハリストス正教会）やプロテスタントなど、多様な教派に属するキリスト教宣教師であった。布教の主体や受容の形態も一様ではなかった。

第二部「明治期における青森のキリスト者たち」では、幕末から明治初期におけるキリスト教宣教師の活動を整理した上で、明治期における青森県のキリスト教宣教の状況について、弘前を中心にメソジストの宣教を担った人々、八戸を中心にハリストス正教会の宣教に関わった人々、そして青森県でカトリックの宣教に携わったパリ外国宣教会の宣教師たちを取り上げ、人物像を中心にそれぞれの特徴を探る。

ところで青森県地域は、古くから度重なる凶作と飢饉に襲われてきた。一九〇三（明治三十六）年初頭にも、前年の大凶作を原因とする深刻な飢饉が、青森県全域を襲った。この頃、すでに東北本線は青森まで全線開通し、電信による通信技術が導入され、新聞等のメディアが普及していた。「辺境の地」で起こった飢饉の様子は、メディアによって「中央」

の人々にも詳しく知られることになった。明治後期におけるこうした情報革命は、日本人による市民的な救済活動をもたらした。横浜の外国人居留地でも、大規模なチャリティ事業が立ち上がった。

第三部「青森飢饉とウェストン」では、青森県地域の特性とキリスト教の精神が交差した出来事の記録として、外国人居留地の人々による救済活動に光をあてる。とりわけ、救済事業の代理人として青森を訪れ、窮状を調査し、救援物資を配布する役割を担った聖公会の宣教師ウォルター・ウェストンに注目し、その功績について考察する。

ウェストンは三度来日し、日本の山岳地帯を精力的に探検し、日本の山の魅力と日本人の生活様式や習俗を、著作や講演を通して英語圏に紹介した人物である。岳人ウェストンについてはこれまで多くの研究があるが、第三部では、キリスト者としてのウェストンの側面にアプローチした。

本書の構成は、おおよそ以上のとおりである。

この構成からもわかるように、本書は、青森とキリスト教の出会いを網羅的に扱ったものではなく、その中のいくつかの事象を抽出して検証し、紹介したものである。先行研究の助けを借りつつ、描かれることの少ないユニークな人物や出来事のつながりを掘り起こし、生き生きとした姿を浮かび上がらせたいと考えた。本書をまとめるのは楽しい時間であったが、未知の領域に入っていく不安も大きかった。歴史学的な作法を身につけていない者が書き表わしたことをご理解いただき、内容については、歴史学や地域研究、郷土史等、各方面の先賢にたたいていただければ、幸いである。そのうえで本書が、出版のために助成をしてくださった公益財団法人青森学術文化振興財団の趣旨に沿って、青森の地域文化の振興に、多少なりとも貢献する役割を果たすことを願っている。

# 【目次】

# 第一部　青森とキリシタン

# 第一章　津軽氏とキリシタン

## 第一節 ◉ 青森とキリシタンを結ぶ二つの局面

日本での布教は、ポルトガルの布教保護権のもとイエズス会により開始された。宣教師らはポルトガルから東へ向かいインドを経由して、中国のマカオを中継地に日本へ渡った[1]。マカオは日本から見れば、マニラとならび南蛮貿易商人の日本渡航の中継地である。マカオからの貿易船は九州に着くため、キリスト教の布教は当初、西日本から開始された。宣教師らは、鹿児島や平戸、博多、大分などの九州各地で活動をはじめ、山口を経て都のある京都や大坂で布教活動を行った。ザビエル来日から三十年を経た一五七九（天正七）年[2]には、在日するイエズス会士五十五名、キリシタンは約一万名前後と報告されている[3]。イエズス会は当初から為政者の改宗に熱心だったため、宣教師を積極的に支援するキリシタン大名が現れた。一五八二（天正十）年には、イエズス会司祭で東インド管区の巡察師として来日していたアレッサンドロ・ヴァリニャーノの発案により、九州のキリシタン大名である大友宗麟、大村純忠、有馬晴信の名代として、「天正遣欧少年使節」がローマに派遣されている。一五八七（天正十五）年に、豊臣秀吉は「伴天連追放令」により宣教師の国外退去を命じたが、布教活動は継続され、一五九〇年代前半までに大量のキリシタンが出現している。しかしこの頃まで、東北地方に宣教師の足跡は見られない。

一五九六（慶長元）年のイエズス会年報に、関西の地で、津軽の重要人物とキリシタンとの出会いが報告される。すなわち、津軽藩初代領主の津軽為信とその長男信建、三男で二代領主となった信牧である。その報告に基づき、後に、津軽氏の父子を「キリシタン大名」に位置づける書が散見される。これが、『日本史』の著者として知られるイエズス会司祭ルイス・フロイスが、彼らについて記述している。これが、青森県とキリシタンとの関係に見られる二つの局面のうち、第一の局面である。

津軽氏とキリシタンとの接触があったこの年の十月（文禄五年九月）にサン・フェリペ号事件が起こり、秀吉は禁教令を出した。翌一五九七（慶長二）年、長崎西坂で二十六聖人が殉教している。その翌年、秀吉が死没した。一六〇〇（慶長五）年の関ヶ原の合戦を経て、一六〇三（慶長八）年に徳川家康が征夷大将軍となり、江戸に幕府を開く。家康政権下でも、キリシタンに対する警戒体制は継承された。この頃、スペイン人のフランシスコ会司祭ルイス・ソテロが、伊達政宗との交際から布教の機縁を得て、東北地方への宣教を展開する。後藤寿庵ら著名なキリシタンの活動も見られるようになる。

一六一三（慶長十八）年の家康の禁教令により、ついに宣教師は国外追放となり、キリシタンの取り締まりが全国規模で徹底された。青森県とキリシタンが交わる第二の局面は、この禁教令の結果、京坂の主だった信者たちが捕縛され、流刑地津軽に流された出来事である[4]。これより「津軽」の地名は、宣教師の報告に頻出することになる。

津軽キリシタンの出来事は、家康の禁教令による関西の信者の流刑が発端であり、おりしも凶作の年に慣れない開墾に従事した流刑者と彼らに感化された地元の人びとの殉教[5]、そして日本に潜伏し司牧のために津軽を訪れた幾人かの宣教師の記録[6]である。流刑地津軽への宣教師の来訪は困難を極め、信者への慰問が実現したのはわずかな機会であった。そのような状況下で、信仰を保ち続けた多くのキリシタンが殉教している。津軽を訪れた宣教師の足取りは、蝦夷と呼ばれた北海道への渡航と連動しており、当時の幕藩体制における蝦夷の位置づけやイエズス会の宣教活動を知る上で貴重な情報を含んでいる。このように津軽キリシタンの出来事は、「キリシタンの世紀」後半において異彩を放っているといえよう。

ところで、第二の局面、すなわち流刑地津軽に流されたキリシタンについては、イエズス会年報や彼らを訪問したアンジェリスらの書簡に比較的多くの情報があり、日本側の史料も若干見られる[7]。他方、第一の局面、すなわち津軽氏のキリシタンへの接近や受洗の出来事に関するイエズス会側の記録は、わずかである。日本側の同時代の史料には、彼らとキリシタンの関わりに触れたものはなく、一次史料はイエズス会の報告のみである。

このため、いずれの先行研究においても、為信のキリスト教への接近や信建、信牧の受洗の情報に触れる文献は、イエズス会の報告をベースにして、それぞれ何らかの史料に基づいて説明を補い、推察を加えている点で共通する。またその多くが、「キリシタン大名」や「東北キリシタン」の文脈の一部として断片的に扱っているため、情報量は少ない。

第一部では、「キリシタンの世紀」に青森県との関わりが見出される二つの局面のうち、第一の局面に焦点を当てる。先行研究の説明や推察を検証することで、第一の局面に新しい知見を加えることを目指している。

## 第二節 ◉ 津軽為信のキリスト教への接近

一五九六年のイエズス会年報のフロイスによる報告では、津軽氏の初代為信は、大坂で修道士から信仰の手ほどきを受け、説教を聞き、洗礼を望んでいたとされる。彼は、十一歳になる三男信牧に洗礼を受けさせ、自身も洗礼を受ける心づもりでいたが、津軽に帰る必要が生じたことから、長男の信建を都に残し、都に再訪した折に自分も洗礼を受ける予定であったという。一六〇七年のイエズス会報告では、信建が自ら司祭を訪ね受洗した後に死を迎えたことが伝えられている。

津軽藩二代領主となる津軽信牧の受洗が報告されているので、信牧は「キリシタン大名」に数えられることがあるが、彼のキリシタンとしての内実は明らかではない。チースリクも「果たして彼を「キリシタン大名」と言えるだろうか」と疑問を呈している[8]。イエズス会年報の記述に従えば、彼の受洗は父の命によるものであり、主体的な入信とはいえない。また後に彼は、流刑者と新しい入信者を火刑に処しており、幕府の政策に従順であった。

したがって、津軽為信、信建、信牧の大名父子の中で、キリスト教接近との関わりで重要性が高いのは、為信と信建であろう。少なくとも、為信は自らキリスト教に接近して受洗の意向を仄めかし、信建は主体的に洗礼を受けたとされるからである。しかし、ここにおいてキリシタン全般に共通する「回心」の問題が浮かび上がる。為信や信建のキリスト教への接近や受洗は、本当の意味で「回心」であったのだろうか。

キリシタン大名の回心について結城了悟は「一番根本的な、そして難しい所は、キリスト教信者になった大名の信仰について判断することである」とし、「大名たちの場合にはキリスト教への純粋な回心があったであろうか。あるいは彼らの洗礼は、ただ物質的な利益を得るための行為にすぎなかったのであろうか」と問うている[9]。そしてこの時代に、後者に位置づけられる多くの大名がいたことを認めている。実際に、後述のように、津軽為信のキリスト教への接近について紹介する文献にも、後者の判断が少なくない。しかし彼らが、単に物質的な利益を得ることだけが目的であったとする判断には、時として「偏見」が見られることも指摘される。

キリストの教えのどのような点が、その者に心の変化（回心）を生じさせたのか。その思いはどのように保たれ、その者の思想の成熟に影響したか。あるいはそもそも、そのような一瞬はなかったのか。なぜ彼は信仰から離れていったのか。「回心」をめぐる問題は、個人の奥深い内面の動きであり、それらを外的な行動や当時の社会状況から特定し、判断することは困難である。解釈者の恣意が入りやすいことは首肯できる。

とはいえ、イエズス会の報告によれば、為信と信建が、自らの意志でキリスト教に接近していることは確かである。主体的にキリスト教へ近づく行為に至るには、明らかに何らかの外的な「契機」があり、また背後には何らかの内的な「動機」の存在が推察される。換言すれば、同じ「契機」を体験しても、その者に内在する態勢――ハビトゥス（habitus）と呼んでもよいであろう――がなければ、そこからさらに「接近」という行為に向かうことはないであろう[10]。無論、その「契機」と「動機」は単純に一つではなく、様々な要素が複層的に絡んでいると考えられる。

厳密な意味で「回心」の一瞬があったか否かを軽々しく判断することはできないが、「接近」という行為に向かうことへと促した外的な要素や心理的作用については、津軽氏の履歴や彼らの生きた時代状況、当時の日本人の宗教観により、その一端をある程度垣間見ることは可能であると予想される。

以上のような見通しに基づき、津軽氏父子のうち、主に為信のキリスト教への接近の次第における「契機」と「動機」に着目したい。為信は洗礼を受けなかったものの、彼がキリスト教に接近したことが二人の息子の受洗につながっている。その意味で、津軽氏とキリシタンをめぐる局面において、為信のキリスト教への接近は、最も基本的な要素である。

## 第三節 ◉ 津軽藩の成立

津軽為信の出自と津軽藩成立の歴史を、概略的になぞるところからはじめたい。

津軽地方は、津軽氏が興るより前、南部氏の支配下にあった。南部氏には、宗家の三戸南部氏と八戸南部氏があった。つまり現在の青森県南地方が拠点であった。室町時代後期以来、三戸南部氏が、津軽地方の十三湊で有力だった安藤氏を攻略し、津軽地方を南部氏の影響下に置いていた。安土桃山時代を通して、南部氏は、現在の青森県と岩手県、そして秋田県北部に至る広い地域で、勢力拡大を画策していた[11]。

三戸南部氏二十四代の晴政の頃、家督争いが生じた。晴政の子晴継と、従兄弟である石川信直が対立する一族の内紛であった。この御家騒動の折に、津軽地方を南部氏から独立させたのが為信である。

為信の出自は、津軽支配のために配置されていた南部氏家人で、津軽西部の大浦の城を本拠としていた大浦一族である。為信は、大浦三代城主為則の養子に入り、五代目城主となった。大浦右京亮為信を名乗っていたが、後に津軽姓に変えている[12]。

為信は、一五七一（元亀五）年、現在の南津軽郡域にあたる三郡を支配していた大仏ヶ鼻城（現在の弘前市石川）を攻撃し、城主の石川高信を自害させた。御家騒動の処理に難航していた南部氏側が、戦の態勢を整えることができないまま、為信は、一五七五（天正三）年に大光寺城（現在の平川市）、一五七八（天正六）年には浪岡城、一五八五（天正十三）年には油川城、田舎館城を攻撃し、津軽地方の主要な南部氏の拠点を配下において実権を掌握した。自害させられた石川高信は、南部氏御家騒動の一翼である石川信直の実父であり、一五八二（天正十）年に信直が南部氏第二十六代として家督を継いだため、南部氏との決裂は決定的となった。

この頃、中央では、本能寺の変で織田信長が亡くなり、豊臣秀吉が政権を握り、大坂城を築城、太政大臣となっていた。為信は、中央政権とのパイプ作りに早くから取り組んでいる。一五八五（天正十三）年から上洛を試み、幾度か失敗するも、一五八九（天正十七）年には家臣を上洛させ、秀吉に馬と鷹を献上している[13]。

翌一五九〇（天正十八）年に行われた秀吉の小田原城攻めの際には、為信自身が重臣を率いて日本海を敦賀まで船で南下して参陣し、沼津で秀吉に謁見し、津軽領の安堵を承認されたとする史料があるが[14]、実際には為信の小田原参陣はなかったと見られている。同年の奥州仕置で、南部氏に安堵された七郡の中に津軽領は除かれ、為信は南部氏の被官ではなく、津軽氏を名乗る一大名として認知された。その要因は上述の鷹献上という政権工作が功を奏したようである[15]。

同年、津軽領には、秀吉の命を受けた加賀金沢藩の城主前田利家らが、検地のため訪れている。同年九月下旬から十月上旬頃までに検地は終了し[16]、為信は、前田利家の家臣とともに上洛している[17]。この上洛は、いわゆる「足弱衆の上洛」である。これは、秀吉の全国支配のための政策の一つで、領地を安堵された大名に対して、妻子を人質として京都の屋敷に住まわせることを求めたものであり、大名自身の参勤も含まれていた[18]。

為信は、四万五千石を領有する大名になった。為信が最初に課せられた軍役は、後述する一五九一（天正十九）年の「九戸一揆」平定への参陣であった。

一五九二（天正二十）年、秀吉は、朝鮮出兵（文禄の役）のために、全国諸大名に対して軍事拠点である肥前名護屋（佐賀県）への参陣を命じており[19]、為信も援軍とともに名護屋入りしている[20]。為信は、後詰として、実戦に加わることはなかったが、翌年まで続いた名護屋滞在中は有力大名との付き合いに労を費やしたようである[21]。こうして為信は秀吉の軍役に従う一地方大名となり、津軽藩は中央政権との主従関係に組み込まれていった。

## 第四節 ◉ イエズス会報告に見る津軽父子

イエズス会の報告の中で津軽氏と宣教師との関わりが登場するのは、一五九六（慶長元）年と一六〇七（慶長十二）年の二回である。一五九六年の報告では、為信が大坂で修道士から信仰の手ほどきを受け、説教を聞き、洗礼を望んでいたとされる。十一歳になる三男信牧に洗礼を受けさせたことも報告されている。一六〇七年の報告では、長男信建が自ら司祭を訪ね受洗した後に死を迎えたことが伝えられている。津軽氏父子とキリシタンの関係を扱う諸文献の記述は、基本的にこの二つの報告に依拠している。二つの報告の内容を確認しよう。

ルイス・フロイスの記した一五九六年十二月十三日付のイエズス会年報に、為信がキリスト教に接近し、信牧が洗礼を受けキリシタンになった次第が次のように報告されている。

数日前に（津軽）ジョアン・オンギ（扇？）（信牧）という国王がキリシタンになった。彼は日本国の北の果ての地方に位置し、都から三十日行程隔たった或る領国の国主津軽（為信）殿の息子である。彼は異教徒である父親の願いで受洗したが、（父親）は以前大坂でヴィセンテ修道士から我らの信仰について多くのことを聞いたことがあり、本年には説教を聞き終えてキリシタンになる決心をしていた。彼（父親）は二、三回説教を聞いたことがあり、すべてを非常によく理解していた。彼はそれ以外にも、他に幾つか聞いて考えていた諸疑問を解決しようと思っていた。しかし彼は太閤の命令で己が領国へ戻ることを強いられ、この状態を中断せねばならなかった。その間に彼は十一歳になる次子（信牧）に説教を聞かせて洗礼をうけさせたが、また嫡男（信建）をも同じ理由で都に移し、自分は帰って来た後に洗礼が授けられるようにしておいた。彼は一人の修道士を説教者としていっしょに連れて行こうと望んでいた。しかし都には誰も余裕がなかったので、彼はキリシタンのことを非常によく理解していた一人の盲人を、伴って行った。それは一つにはキリシタンの信仰を家来たちに伝えるためであり、もう一つには自分のキリシタンの幼い息子に日常の祈りを教えるためであった。父親が受洗した時には、彼に説教者をつける必要はまったくなくなるであろう。なぜなら彼は次のように約束しているからである。自分は領内に諸教会を建設し、十分な俸禄を与えようと思っている、と。[22]

この報告では、為信が「大坂」で「ヴィセンテ修道士」から信仰の手ほどきを受け、説教を聞き、洗礼を望んでいたとされる。彼は、十一歳になる三男信牧に洗礼を受けさせ、自身も洗礼を受ける心づもりで準備していたが、津軽に帰る必要が生じて中断した。そこで長男の信建を都に移し、都に再訪した折に自分も洗礼を受ける予定であったという。また信牧や家来たちにキリシタンの信仰を伝えるべく、一人のキリシタン（「盲人」）を津軽へ連れ帰っている[23]。為信は、津軽領内に教会を建てる構想も明かしている。

なお上記の引用に続いて、津軽が日本最北端に位置していること、「韃靼の人々」すなわち蝦夷との交易関係や、蝦夷の風土について記されている。後に、家康の禁教令後の流刑者を司牧したイエズス会司祭ジェロニモ・デ・アンジェリスとディオゴ・カルワリオが、実際に蝦夷へ渡航し、報告書を遺している[24]。アンジェリスの渡航以前には、蝦夷に関する情報は、極めて断片的であり謎めいていた[25]。蝦夷と海を挟んで隣接する津軽の領主らが語る情報に、宣教師らは大いに関心を示したであろう。

さらに、津軽には「黒色で光沢のあるすぐれた葡萄」が豊富に自生していることを為信が語り、苗木を都に持ってくることを司祭に約束したという。ミサのために葡萄酒を必要とする司祭にとって興味をそそる情報であったにちがいない[26]。これらの挿話は、為信らが宣教師たちと親しく会話を交わしていたことを物語っている。

一連のフロイスの報告は、「嫡男（津軽信建）は太閤に仕えている。彼は最近司祭たちを訪ねて来てこう頼んだ。自分はキリシタンになる目的で、我ら（イエズス会）の者たちの説教を聞かせてもらいたい、と。」[27]という文章で閉じられる。

前述のように、天正十八（一五九〇）年末に、「足弱衆の上洛」として為信は妻子とともに都へ向かっており、この時に信建も同行したのであろう[28]。また、文禄元年から文禄二年まで全国の大名は「唐入」のため名護屋に集められていたが、その後は伏見城下の屋敷に妻子を住まわせている[29]。後に信建が、朝議に携わる天皇の側近である西洞院時慶を頼り、礼を尽くしていた様子が「時慶卿記」の記録から窺われる。フロイスの報告に「嫡男は太閤に仕えている」とあるのは、信建が津軽氏において、上方での政治的取次や情報収集の役割を担っていたことを示している[30]。

## 第五節 ◉ イエズス会報告に見る信建の受洗

次に、フェルナン・ゲレイロが編纂した一六〇七年のイエズス会報告で、信建の受洗が次のように報告されている。

或る高貴で富裕な領主は、既述の領主たちよりももっと巧みに司祭への訪問と（司祭との）交際を利用した。この人は、全日本の最東端にある奥州国の多くの領地の領主である津軽殿の嗣子（津軽信建）

である。彼は司祭と懇意になり、キリシタンのことを聞きたいと言って来た。他のことを望まない司祭は、さっそく彼に説教をさせた。彼は、きわめてゆっくりと説教を聞いてキリシタンになることにした。なぜなら彼は「予は早死にすることが判っているから」と言った。キリシタンになると、ただちに家臣もすべてそうすることを望み、キリシタンにならなければ、いっさい信用しないと言った。我らの主が垂れ給うた恩恵によって、この新しいキリシタンは喜びを抑えきれず、現に自分とともにいる者どもがその恩恵に与るのみならず、自領のすべての者もそのようにすることを望んで司祭に（こう）言った。「自領の全（領民）をキリシタンにするためにいずれにせよ伴天連様をお連れして行き、領内に立派な教会を作ろう」と。こうして、ただちに都に行き、そこに作られている新しい教会を見て、その設計に満足し、自領にそれに倣って教会を建てるために、その図面を写し取らせた。しかし、ほどなくこれらの期待は破られた。この領主が急死し（一六〇七年十二月二日）彼の予言のようなものが事実になってしまい、彼と我らの希望はすべて無に帰したからである。もっとも、我らが彼に期待しているように、我らの主がその慈悲ゆえに救済を招き給う彼の主たる望みは無に終りはしなかった（であろう）。[31]

ここには信建が自ら司祭を訪ね、洗礼を受けたことが具体的に記されている。受洗してからは、喜びを「抑えきれず」、家臣や津軽領民の入信を強く望み、自領での教会建設も目論んでいたとされる。

上記の引用は、「大坂、堺の諸都市、ならびに、北国の諸国で行われたことについて」という節に記されている。信建が司祭と交流し受洗したのは、彼が若い頃から馴染んでいた大坂、もしくは堺であろう。節の冒頭には「大坂の市には通常、司祭一名、修道士一名が説教師の同宿一名と、そのキリシタン宗団の教化や増加に必要な他の下僕とともに居住している」とある。一六〇七年十月作製のイエズス会による司祭とイルマン（修道士）の目録によれば、当時大坂にはバルタザール・トレス司祭とイルマンのシスト（日本人）が、堺にはフランシスコ・パシェコ司祭とイルマンのバルトロメオ（日本人）が駐在していた[32]。信建の死亡年月日は諸説あるが[33]、慶長十二年十月以降（一六〇七年十二月以降）に亡くなったとすれば、信建はトレス神父もしくはパシェコ神父と「懇意」となり、洗礼を受けたと考えられる。

▼Endnotes

1　イエズス会はポルトガルの布教保護権下で日本の布教にあたったが、一五八五年には教皇グレゴリウス十三世が日本での布教主体をポルトガルからのイエズス会に限定する小勅書を発布し、教会法上日本布教はイエズス会の独占となった。しかし、スペインから西回りでフィリピンのマニラを中継地に日本に渡航するフランシスコ会やアウグスチノ会、ドミニコ会の宣教師が一五九〇年代から見られるようになった。この背景には、一五八四年にスペインがポルトガルに侵攻しスペイン王がポルトガル王を兼ねることになった政治的事情や、イエズス会以外の修道会からの要請があった。一六〇〇年に教皇クレメンス八世は、グレゴリウス十三世の小勅書を撤回して、他の修道会による宣教を認めた。この間の政治的、教会法的な動向についてはH・チースリク『キリシタン史考』聖母の騎士社一九九五年（二四〇-二六三頁）を参照。

2　本稿の西暦と和暦の表記は、概ね「西暦（和暦）」（例えば「一五七九（天正七）年」）としているが、統一していない。日本の状況を主に論じる箇所や西暦と日本の旧暦の日付が異なる点に注意を要する箇所など、文脈上、逆にしたり、西暦のみ、和暦のみにするなどして、表記を使い分けた。

3　「一五七九年十二月二十五日（十五）日付、日本発信、フラ

ンシスコ・カリオン師のエーヴォラの大司教ドン・テオトニオ・デ・ブラガンサ宛書簡」松田毅一訳『十六・七世紀イエズス会日本報告集』第Ⅲ期第5巻 同朋社出版 一九九二年（一九九頁）

4 松田毅一訳『十六・七世紀イエズス会日本報告集 第Ⅱ期第2巻』同朋舎 一九九六年（七八 - 八二頁）

5 流刑者が開墾に従事することになった経緯については同上（二七二 - 二七七頁）を、また最初の六人の殉教については同上（三一三 - 三一五頁）およびペドゥロ・モレホン／野間一正・佐久間正訳『続日本殉教録』中央出版社 昭和四十八年（二一八 - 二二三頁）を参照。

6 ジェロニモ・アンジェリスが一六一五年と一六一八年に、ディエゴ・カルワリオが一六二〇年と一六二一年に、日本人司祭ディエゴ結城が一六一七年に津軽の信者を慰問している。いずれもイエズス会司祭である。アンジェリスとカルワリオの旅行記に、H・チースリク『北方探検記』吉川弘文館 昭和三十七年がある。

7 津軽氏を含む日本側の史料を多く参照し、津軽のキリシタン殉教を論じたものに、松森永祐「津軽切支丹の一考察」『弘前大学國史研究』十三号 弘前大学國史研究会 一九五八年（二一 - 三一頁）、松野武雄「津軽の切支丹」『キリシタン迫害と殉教の記録（下巻）』フリープレス 二〇一〇年復刻版（二三九 - 二五二頁）がある。同論文の初出は、今村義孝他『切支丹風土記 東日本編』宝文館 昭和三十五年に収められている。津軽切支丹の殉教とその後の津軽藩の取り締まりに関する研究として、小館衷三『津軽藩政時代に於ける生活と宗教』津軽書房 昭和四十八年の「キリシタン」（二四五 - 二六八頁）がある。

8 上掲H・チースリク『キリシタン史考』（二二八頁）。高山右近を筆頭に禁令下でも信仰を守り続けたキリシタン大名がいる一方、洗礼を受けはしたが時の政治情勢に追随する大名も少なくなかった。チースリク師はその背景として「当時の司牧方針では、まず洗礼だけを授けておき、教理をいっそう深く理解してから初めて告解と聖体の秘跡を授けるようになっていた」（同書 二二七頁）点に注意を喚起している。

9 結城了悟『キリシタンになった大名』聖母の騎士社 一九九九年（二四 - 二五頁）

10 ここで用いたhabitusは、トマス・アクィナスによる概念を念頭に置いている。トマスは、人間的行為が由来する諸根源を内的な原理と外的な原理に分け、前者を能力・可能態に（potentia）と習慣・能力態（habitus）としている。トマスにおいてhabitusは、人間が究極目的に向かう自然本性に基づいて自らの力で獲得するだけでなく、究極的には神の働きかけにより完成に導かれる（Thomas Aquinas, *Summa Theologiae*, I - II, q.49 - q.54. および稲垣良典『習慣の哲学』創文社 一九八一年 を参照）。上記では、為信のキリスト教への接近という「行為」の根源として、外的な「契機」と区別される為信自身の固有な内的な根源という意味で用いた。

11 弘前藩と南部藩の関係史については、本田伸『弘前の藩（シリーズ藩物語）』現代書館 二〇〇八年、七宮涬三『陸奥南部一族』新人物往来社 昭和六十二年など多くの書がある。

12 為信は久慈南部氏（現在の岩手県久慈市）から大浦氏の養子に入っており、南部氏の系統である。津軽氏の出自については、平泉藤原氏の出身とする津軽氏側の記録があるが、一般には津軽支配の正統性主張を目的とする虚説とされる。当初、中央も津軽氏を南部氏の反逆分子と見る動きがあったが、為信の工作によって認知されていく。例えば、一五八九（天正十七）年十二月に、為信が秀吉に鷹を献上したことに感謝する朱印状の宛名には、「南部右京亮とのへ」とあるが、翌一五九〇（天正十八）年正月に、やはり鷹献上を賞して秀吉が為信に判物を下した際には「津軽左京とのへ」とある。しかし同年正月の織田信雄、四月の豊臣秀次が同様に判物を下した際にはいずれも「南部右京亮殿」となっている。津軽仕置の後、一五九一（天正十九）年に九戸一揆平定のために為信へ出陣を命じた秀吉の朱印状では、「津軽右京亮とのへ」とある。「新編弘前市史」編纂委員会編 虎尾俊哉監修『新編弘前市史 資料編2近世編1』弘前市市長公室企画課 平成八年（七、十、二十頁）、本田伸上掲書（十五 - 十六頁）

13 東北大名が鷹献上を媒介に中央政権との関係づくりに努めた記録は中世から見られた。織田信長政権の頃には地方大名との主従関係の象徴として通例になり、豊臣政権下では小田原の役を機に徹底されたという。長谷川成一『近世国家と東北大名』吉川弘文館 平成十年「第一章 鷹と東北大名」を参照。同書によると「信長は鷹などの献上を待って諸大名の臣従と修交関係を継続したが、秀吉は鷹進上を各大名へ積極的に求める形で、彼らを自らの権力体系の中に組み込むことを意図したようだ」（十七頁）という。為信の秀吉への鷹献上は、一五八九（天正十七）年の小田原の役の前年であるから、津軽氏の認知を目的とした豊臣政権とのパイプ構築のための主体的な工作であったと見ることができよう。

14 秀吉は、天正十七年秋頃に奥州の大名に小田原への参陣を要請しているが、「金家記」には「天正十八年二月」に「十八人ニテ御登リ二月御出立同月廿三日京都へ御着ニテ三月廿七日於沼津秀吉公へ奉謁懇々ノ上意ヲ蒙リ津軽安堵ノ趣被仰歸國被成候」（青森県編『青森縣史（一）』歴史図書社 昭和四十六年 二〇三頁）とある。

15 長谷川成一編『北奥地域史の研究：北からの視点Ⅰ 十六世紀末～十八世紀における支配と農政』名著出版 一九八八年所収の編者による論文「天正十八年の奥羽仕置と北奥・蝦夷島」では、為信の小田原参陣の史料の信憑性の低さを指摘し、「南部氏よりも若干早く小田原に参陣したとしても惣無事令違反に問われ存続が可能であるとはとうてい考えられない」（十頁）としている。また、小田原に参陣しなかったにもかかわらず津軽氏が領地支配を認められた要因としては、「豊臣政権への鷹献上という行為を通じて、また同政権の有力者への鷹贈答を実行して支持基盤を固めたのであった。つまり天正十七年の段階で豊臣政権との接触に成功していたことが翌年の奥羽仕置にあって首尾よく領地没収の危境を回避することが可能になった大きな要因であったと考える」（十一頁）と指摘されている。

16 前田利家らによる津軽での検地の時期について、「加賀藩史料」に「天正十八年秀吉公より依命、奥州検地に利家公・利長公並前田慶次、碇の関迄後下向、此時出羽・奥州・関八州の知行割極給ひ、八月西聚楽へ御帰陣候也」（上掲『新編弘前市史資料編2近世編1』十四-十五頁）とある。他方、「津軽一統志」には「天正二〇壬辰年、文禄ト年号改、茲年三月上旬御登可有トテ用意已ニ成シ処、東奥巡検使トシテ前田利家卿（中略）四月初旬ヨリ到此地、利家卿は大浦ノ城、慶治・孫四郎ハ堀越、片桐・小野木ハ汗石ノ城ニアリテ、当国津々浦々迄巡検、畢テ七月二十一日、此地発足南部口へ帰旅、太守国境狩場澤・野邊地口迄御見送、此時今諸方ノ境目究、」（同書十五-十六頁）とあり、検地の年が異なる。奥羽の検地は、天正十八年中に行われており、「津軽一統志」の年は誤りである。日程については、小林清治『奥州仕置と豊臣政権』吉川弘文館 二〇〇三年 で、上記の「加賀藩史料」の「八月」帰陣を退け、利家に近い史料から、津軽仕置を「九月下旬から十月上旬までの一月に終了」としており、本章はこれに従った（同書二三九-二四〇頁）。なお、為信が利家とともに上洛のために津軽を発った日付を、同書では「十月十日ころ」と推定している。

17 「伊達家文書」に、前田利家の家臣河島重続による十二月二十九日の書状があり、津軽仕置の後、為信が「足弱衆」を伴って上洛したことが報告されている。「毎度御書頂戴、外聞実儀忝存候、仍筑前守へ御飛札被為差越候、遠路節々過分之由、委曲御報被由伸候、随而津軽表之儀、仕置被申付、南部右京亮并足弱衆も同前ニ被罷上候」（上掲『新編弘前市史資料編2近世編1』十八頁）

18 天正十八年七月に秀吉は宇都宮で朱印状を下し、その中で「津軽・宇曽利・外浜迄、悉足弱共為在洛指上候」と、津軽を含む東北地方北端の大名にも「足弱」の上洛を命じている。（上掲『新編弘前市史資料編2近世編1』十四頁）

19 「唐入」を命じた朱印状は、新関白の豊臣秀次から全国の大名に下された。上掲『新編弘前市史 資料編2近世編1』に「盛岡南部家文書」にのこる朱印状が記されている（二九頁）。

20 「津軽一統誌」には「同年御訪尋トシテ當家四奉行ノ内三河兵部ニ侍十二騎弓鐵砲ノ足輕七十五人雑兵三百余ノ人數ニテ肥前名古屋へ差越サル」（上掲『青森縣史(一)』二一九頁）とある。

21 「新編弘前市史」編纂委員会編 虎尾俊哉監修『新編弘前市史通史編2（近世1）』弘前市市長公室企画課 平成十四年（五四-六四頁参照）

22 「一五九六年十二月十三日付、長崎発信、ルイス・フロイス師の、一五九六年度・年報」『十六・七世紀イエズス会日本報告集第I期第2巻』松田毅一監訳 同朋舎出版 一九八七年（二四一-二四二頁）

23 この「盲人」については同じフロイスの報告の中で、尾張の清州の町に住む慈善活動に熱心なキリシタンの家の息子として登場する。たまたまその家に宿泊した坂東の国から都へ赴いていた「身分の高い一人の盲人」がキリスト教に関心を持ったため、父親が教えの概略を述べ、さらにその息子が説教をし、洗礼に導いたとされる。「もし自分で同様な説教を聞きたいなら、息子がいるから彼がそれらを容易に説教してくれるであろう、と。盲人が同意したので、家の主人の同様に盲人である若い息子〔彼は我らが先に述べたように津軽の国の国主の息子とともに津軽の国を出て来た〕が、この盲人にキリシタンの教えを非常にうまく教え始めた。ついに彼は数日後にこの盲人に洗礼を授けた。」（同上二五〇‐二五一頁）

24　上掲H・チースリク『北方探検記』にアンジェリスとカルワリオの報告書の訳が掲載されている。

25　津軽氏による蝦夷の話題について、結城了悟氏は「ヨーロッパに初めて北海道とその民族を紹介する記録」（上掲『キリシタンになった大名』三七八頁）と推察している。しかし北海道に関する情報は、ザビエルの頃から既にわずかながら知られていた。ザビエルが来日前に出会った日本人アンジローが語ったこととして、彼の指導司祭ランチロッティが「日本から北西の方角に非常に大きな国があり、グヅー Gsoo（蝦夷）と呼ばれている」（一五五〇年）と記し、アイヌの習慣や特徴を聞き伝えている。一五七一年には、イエズス会司祭ガスパル・ヴィレラによる蝦夷に関する記述も見られる。なお、アイヌの肌の色についてアンジロー筋では「色白」、ヴィレラ筋では「ブラジル人の如き黒き人種」とあり正反対である（村井早苗「蝦夷島におけるキリシタン禁制—津軽キリシタン史との関連を中心に—」弘前学院大学地域総合文化研究所編『地域学4』北方新社二〇〇二年（二頁）を参照）。上記の為信による情報では、「色が黒くモスクワ人のように頭髪やひげを伸ばし」とあり、依然として謎めいた存在であることが理解できる。ただし為信らが「モスクワ人」を例えに挙げるはずもなく、フロイスの記述に宣教師の推測も含まれていると考えられる。

26　フロイスの『日本史』に、ガスパル・ヴィレラ神父がミサのために日本酒を代用したと思われる記述が見られる。「またダミアンは、司祭が必要としたために、毎日豊後から携えて来た瓢箪に少しばかり酒を買出しに行った。彼がそれを日々買いに行かねばならなかったのは、酒は翌日まで置いておくと酢になってしまうからであった」（ルイス・フロイス／松田毅一・川崎桃太訳『完訳フロイス日本史①将軍義輝の最期および自由都市堺—織田信長篇Ⅰ』中央公論社二〇〇〇年六四頁）

27　上掲『十六・七世紀イエズス会日本報告集第Ⅰ期第2巻』（二四二頁）

28　上掲『新編弘前市史通史編2（近世1）』では、「信建は「太閤に仕えた」人物であり、早くから上方生活を送っていた。天正十八年（一五九〇）に為信とともに上洛をした「足弱衆」の一人として、秀吉の人質となり、そのまま秀吉に仕えることになったと考えられる。」（一五四頁）とされ、信建が青年期から上方で過ごし、政治感覚を身につけていったと見ている。

29　同上（一〇九頁）を参照。

30　長谷川成一編『津軽藩の基礎的研究』国書刊行会 昭和五十九年 所収の編者による論文「文禄・慶長期津軽氏の復元的考察」（同書 六九 - 一二七頁）は、慶長六年から十二年までの津軽氏の上方での動向を仔細に分析し、この時期に信建が西洞院時慶との関係を深めていることについて「大名が朝廷や上方の政治情勢を見誤らぬためには、上方での確かな情報源の確保と機敏な対応が必要とされた」激動の時代の要請に迫られて、信建が「公・武双方に対する万全の備え」の役割を果たしていたと指摘している。

31　「フェルナン・ゲレイロ編：一六〇六、〇七年の日本の諸事」『十六・七世紀イエズス会日本報告集第I期第5巻』松田毅一監訳 同朋舎出版 一九八八年（二八八 - 二九一頁）なお、フェルナン・ゲレイロ（一五五〇 - 一六一七年）は日本布教に直接携わった人物ではなく、ポルトガル各地で活動し、日本からの報告書をもとに「イエズス会年報集」を編纂したイエズス会士である。ゲレイロ編纂の「日本年報」の意義については、『十六・七世紀イエズス会日本報告集第I期第1巻』松田毅一監訳 同朋舎出版 一九八七年（xix-xxiv 頁）に詳しい解説がある。

32　土井忠生『吉利支丹文獻考』三省堂 昭和三十八年 に、大英博物館写本室の日本イエズス会関係の文書集に収められた一六〇七年二月と同年十月（つまり慶長十二年一月頃と八月頃）に作製された目録が紹介されている。これによれば、二月には、大坂に司祭「francisco de Pauia」、イルマン「Xisto 日本人」が駐在、堺に司祭「francisco Pacheco」、イルマン「Bartholameu 日本人」が駐在し（同書三七二頁）、十月には大坂の司祭が、二月の段階で上京にいた「Baltazar de Torres」となり、「francisco de Pauia」は長崎のコレジオに移っている（同書三八〇頁）。なお、ポルトガル語の綴りは異なるものがあり、十月の目録では Pauia が Payua と表記される（同書三 七三頁）。

33　信建の死亡日について、上記引用の訳書には「一六〇七年十二月二日」と訳者が補足しているが、これは和暦の慶長十二年十月十三日である。この日付は、「津軽一統誌」に基づく理解である。すなわち、同文書には、信建が「日頃多病ニ在ケルカ、病気ニ犯サレサセ給ヒ、是モ為医療止京有テ、洛陽ノ鍛冶金道カ亭ニテ十月十三日終ニ卒去在」（上掲『新編弘前市史 資料編2近世編1』一〇七頁）とあり、病気治療のため訪れていた京都で亡くなった日付が明記されている。しかし信建の死亡日を、位牌の年月日や命日の法要日の記述から、前年の慶長十一年十月二十日や同年十二月二十日とする説（上掲『新編弘前市史 通史編2（近世1）』一五七 - 一五八頁）がある。

# 第二章　先行研究の概観

前章で見たフロイスの報告に「以前大坂でヴィセンテ修道士から我らの信仰について多くのことを聞いたことがあり、本年には説教を聞き終えてキリシタンになる決心をしていた」とあるように、為信が洗礼を望んだひとつの契機は、一五九六（慶長元）年以前に大坂でヴィセンテ修道士の説教を聞いたこととされる。

「以前」と記されたその「時期」は、具体的にいつであり、そもそも為信が説教を聞くことになった「契機」は何であったのか。またキリスト教に主体的に接近した為信には、どのような「動機」があったのか。これらの問題を念頭に、本章では津軽氏とキリシタンについて記された主要な文献を検証する。

## 第一節 ◉ シュタイシェン『キリシタン大名』

為信のキリスト教への接近や信牧、信建の受洗について、一次史料をもとに描いた最も古い文献は、管見の限りミカエル・シュタイシェンの『キリシタン大名』である[1]。同書には、一五九五年の出来事として、次のように記されている。

弘前（陸奥）の大名津輕爲信は、この年二人の子と共に京都にあつたが、同じく禁制の宗教に引き入れられた。然し彼は最初から、思いもよらぬ故障に出あつた。ゆえあつてこの時彼は愛妾たちに暇を遣ることが出來なかつた。然し彼は二人の子に一足先に信者となるやうに勸めた。當時十一歳の二男の信枚は殆んど直ぐ受洗した。これに反して長男の方は、小姓として太閤のお側に仕へてゐたゝめに洗禮を數年の後に延さなければならなかつた。それまでに、彼は父の勸めに従って、暇があると宣教師を訪問しては宗教のことを深く究めてゐた。後に彼は洗禮を受けた。不幸にして彼は一六〇七年盛りの年頃に歿し、弟信枚が後を繼いだ。爲信はやうやく確心が出来遂に洗禮を受けようといふ大きな希望を抱き、人々の口の端に上つてゐた障害を一蹴しようとしてゐた。時あたかも彼は急にその領地へ出發することゝなり、またもやこれに妨げられた。然し彼は一修道士を高岡の館に同道し、その地に天主堂を建て己が改宗を實行し、且つ臣下の改宗のため盡力すべきを約束した。[2]

シュタイシェンは、為信が在京時にキリスト教に「引き入れられた」時期を一五九五年としている。しかし、キリスト教に出会った「契機」については明示していない。また「動機」についても触れていない。

本書の特徴は、為信が洗礼に至らなかった理由を二つ挙げている点である。当初の理由として「妾の存在」を挙げ、第二に、妾の問題を片付けて受洗を希望したものの「領地へ戻る急用」により叶わなかったことが記されている。

フロイスの報告には、為信が受洗に至らなかった理由として「領地へ戻る急用」のみが挙げられ、妾説は記されていない。シュタイシェンが為信の情報についてフロイスの報告以外の史料を参照したかは不明であり[3]、妾説を採った根拠は明確ではない。

シュタイシェンはまた、上記とは別の箇所で、信牧について次のように記している。

津輕は彼らを鄭重にもてなしなほ彼らが命ぜられてゐた開墾の業を出來るだけ樂にしてやつた。當時信枚自身熱心なキリシタンで、既に少し前にその甲冑に十字架をつけてその證據としてゐた。[4]

つまり、シュタイシェンは、二代信牧が熱心なキリシタンであったと紹介している。

信牧が流刑者を手厚く扱ったということの根拠は、イエズス会年報等に見られる[5]。流刑者たちは上級武士であったため、当初は丁重に扱われたと考えることはできる。しかし、そこから信牧が「熱心なキリシタン」であったと判断することは難しい。後に彼は、布教を行った流刑者とその新しい入信者を火刑に処しており、基本的に幕府の政策に従順であった[6]。

シュタイシェンの妾説とキリシタン同情者としての信牧像は、シュタイシェン以降の文献に散見されるようになる。例を挙げると、菅野義之助著・及川大溪補訂『奥羽切支丹史』に次のような記述がある。

津軽藩主は同情の籠れる待遇を与え、差し当たり生活必需品は一通り整えてこれを与えたいと思ったが、しかし幕命なればとて、彼らに開墾を命じ農事に従事させることとし、一行は悦んでその命令に服した。因みに当時の津軽藩主は二代目信牧で、津軽家は元来切支丹に対し厚い同情者であった。文禄四（一五九五）年津軽為信が二子信建・信牧を伴い京に滞在していたが、自ら切支丹宗に帰依して洗礼を受くる発願をしたけれど、それには宗規に従って一夫一婦の制度を厳守し、その愛妾たちに離縁を申し渡さねばならぬのに、このことは彼の忍び得るところではなかったから、まずその二子に受洗させることとした。…中略…かくて家を嗣いだ信牧は、その後一般諸侯と同様信仰を捨ててはいるが、切支丹の理解者であり同情者であったに相違なく、徳川氏の手前を繕い得る範囲においては、信者に好意を寄せたに違いない。[7]

本書は、妾説や信牧が流刑者に同情的であったこと――ただし、信牧が既に信仰を捨てていたとする点は、シュタイシェンと異なる――の他、為信のキリスト教接近の年を一五九五年としている点など、シュタイシェンの記述をほぼ踏襲している。シュタイシェンの記述がその後の文献に与えた影響と見ることができる。

## 第二節 ◉ 浦川和三郎『東北キリシタン史』

東北のキリシタン全般に関する古典的文献である浦川和三郎著『東北キリシタン史』では、為信がキリスト教に接近した時期について、一定の期間を指摘している。

為信とキリスト教との関係につき津軽側には、何等の史料も残つていない。ただ「津軽一統誌」に、次の様な記事を見る。

「文禄二年（一五九六年）三月下旬、大守為信公此地をお立ちありて、伏見の城に於て太閤秀吉公へ謁せらる。遠国参向の労上意を蒙り、（中略）猶又遼遠の地たる間、上京不如意なれば、しばらく滞留あつて、連年軍務の労を慰すべき旨、仰出されたりければ、天下の面目玉双方なく、猶洛中に寄旅ましましけり」

その頃、朝鮮役が未解決であつたので、為信も両三年の間京都に滞留を余儀なくせられたものらしい。一五九六年（慶長元年）十二月十三日附を以てフロイスが長崎から発したゼズス会年報中に左の如き史実が遺つている。8

この記述の後、フロイスの報告文が紹介され、「為信がこの時洗礼を受けなったのは、愛妾たちに暇をとらせることが、できなかつた為であると「キリシタン大名」には記してあるが、果たして後に至つて、希望通りに入信し得たであろうか」と、疑問を呈している。そして「津軽記」に、慶長十二年に病を得た為信が、神社仏閣に祈願を凝らし、医療を尽くしたがかなわず死去したことが記されていることを引用し、為信のキリスト教への信仰が一時的なものであったことが強調される。「もしキリシタンとして終を遂げたのなら、その翌年の「ゼズス会年報」に何とか記してあるはず」だがその記述がないこと、また「神社仏閣に祈願を凝らしたり、遺骸を火葬に付した」ことから、「彼も終に最後の一歩を踏みきることができなかつたものと思わなければならぬ」と推断される。日本側の資料をもとに、為信のキリスト教信仰が元来薄かったという見方を示している点が、本書の特徴と言えよう。

ところで本書では、為信が一五九三（文禄二）年三月から三年間、すなわち一五九六年（慶長元）年まで京都に滞在したと解し、その間に、キリスト教への接近、信牧の受洗に繋がる契機があったと推察している。しかし、その根拠として「津軽一統誌」を用いている点には問題がある。

「津軽一統誌」は史実の記録文書ではなく、一七三一（享保十六）年に津軽藩内で編纂された文書である。編纂の目的は、藩政の正統性の主張であり、内容の史実性については他の史料との照らし合わせによって、十分な確認が必要である[9]。

実際に、本書が引用している文禄二年三月に為信が上洛し秀吉と謁見したとされる「津軽一統誌」の記述は、史実に合致しない。というのも、この時期、後述のように、秀吉も為信も肥前名護屋にいたことは間違いないからである。本書から、為信がキリスト教に接近した「時期」や「契機」を特定することはできない。また「動機」についても明示されない。

## 第三節 ◉ 石戸谷正司「津軽藩侯とキリシタン」

石戸谷正司「津軽藩侯とキリシタン」[10]は、上記のシュタイシェン『キリシタン大名』と浦川和三郎『東北キリシタン史』を主要な文献として津軽氏とキリシタンの関係についてまとめられた論文である[11]。津軽為信、信建、信牧の三者それぞれの「宗門接近」について整理され、網羅的に論究されており、津軽氏とキリシタンの関係について最もまとまった文献といえる。同論文では、為信のキリスト教への接近の時期について、為信が上京した記録を追って、次のように記している。

上京の初見は天正十八年である。天正十八年、文禄元年、文禄二年と上京の記事が見えるが、為信が宗門に接近した慶長元年の上京を確かめ得べき記録は見出せない。然し、この頃に至って秀吉と秀次との関係が悪化し、秀吉が自分の死後に対する不安払拭の為、諸侯を招集して忠誠を誓わせている事や、制度化されていないが、参勤交代の慣例がすでに実施されている事や、教会側の記事中の、信牧十一才という年齢の符合等から推して、為信、信建、信牧の宗門への接近の機会が十分あったと考えて大過ないだろう。[12]

為信のキリスト教接近の時期について、為信の上洛に関する日本側の記録がある天正十八年、元禄元年、文禄二年を挙げつつ、フロイスの報告にある慶長元年の可能性を支持している。天正十八年の上京の記録は、秀吉の小田原城攻めに為信が参陣し津軽領の安堵を承認されたとされるものであろうが[13]、既述のように、為信は小田原の役に参陣していないと見られている。また元禄元年の上洛とは、前田利家らによる津軽領の検地終了後の「足弱衆の上洛」のことになろう。文禄二年の上洛とは、上述の「津軽一統誌」の情報であろう。いずれにしても本論文では、キリスト教接近の時期が一五九六（慶長元）年である可能性を否定しないにとどまり、「契機」や「動機」には触れていない。

ところで本論文は、興味深いことに、一五九一（天正十九）年にイエズス会巡察師ヴァリニャーノ（ワリニヤニ）が、帰国した天正少年遣欧使節を伴って都へ赴いた際の、フロイスの報告を引用している。

この年の六月二十日には、ローマ少年遣使が巡察師ワリニヤニと長崎に帰着した。ワリニヤニが都に滞在中、信者が各地より蝟集し、ぱあでれについて懺悔した。諸大名の訪問も多く、「諸大名の我等が宗門に対する信は厚くして、奉敬人ともなりぬべく見えたり。或者はひそかにカテキスモの説教を聴きたり。その中には三国の主にして関白殿に親しき前田又左衛門の嗣子（注 前田利長）もありき。（中略）Vuosci（注 奥州？）の国の大候（注 津軽候）もまた同じことをなしたり。右近殿を介して説教を聴かむことを求め宗門に入りたるが、又同じ理由にて洗礼をのばしたり。」（「前掲書」二三〇頁）訳者注の如く、果たして津軽候か否か、この記事よりは俄かに断定は出来ないが、諸侯のキリシタン宗門接近の様子が鮮明に描き出され、藩侯接近の問題にも触れているようで興味深い記録である[14]。

この記述は、フロイスが一五九二年十月一日付で長崎からイエズス会総長宛てに発信した一五九一年度の日本年報の中にある。ヴァリニャーノ一行が都へ赴いたのはインド副王の使節として秀吉に謁見するためであり、一五九〇年の末、長崎を出発し、一五九一年明けに都に到着している[15]。この時、密かに説教を聴いたが洗礼を先延ばしにした二人の人物のうち、「Vuosci（注 奥州?）の国の大候」が、「断定はできない」としつつも、津軽為信である可能性が指摘されている。ここには、為信のキリスト教接近の「契機」に、キリシタン大名として著名な高山右近の関与が暗示されている。

本論文では可能性の提示にとどまり、論究はなされていないが、津軽氏とキリシタンの関係をめぐり、この記述に触れた文献は管見の限り本論文のみであり、貴重な情報である[16]。章を改めて検証することにしたい。

## 第四節 ◉ 高木一雄『東北のキリシタン殉教地をゆく』

東北諸藩のキリシタンの広範囲にわたる事跡を詳しく記した本書では、津軽父子に関して次のように記されている。

天正十三年（一五八五）以来、南部家を裏切った津軽為信は絶えず怨霊に悩まされていた。そこで文禄元年（一五九二）十月の上洛では、京のキリシタン寺を訪れイエズス会のビセンテ修道士の教えを受けるようになった。そして文禄四年（一五九五）十月の上洛では自分自身には多くの側室がいるため教えに反するとして翌慶長元年（一五九六）十一歳になる三男信枚に洗礼を受けさせた。また長男信建は豊臣秀吉の小姓として仕えているため天正十五年（一五八七）六月の「キリシタン禁令」に憚って豊臣秀吉の死後、慶長十二年（一六〇七）三三歳で洗礼を受けさせている。ところが間もなく亡くなってしまった。

慶長元年（一五九六）津軽為信は京から津軽国へ帰る時一人の修道士を連れて帰ろうとした。それは堀越城下にキリシタンの教えを弘めようとしたらしいが暇な修道士がいなかったため教理に通じた一人の盲人の信者を連れて帰った。そして広い土地にキリシタン寺を建てる約束をした。だが「津軽深秘録」によると父津軽為信の真意は鯵ヶ沢湊での南蛮貿易を夢見てのことであり、二人の息子についてもキリシタンの信仰は全然なかったとしている。[17]

本書の津軽氏に関する記述は上記のみであるが、これまでの文献と異なり、「時期」と「動機」が具体的に明示されている。すなわち、為信のキリスト教接近の「時期」を、「文禄元年（一五九二）十月の上洛」時とし、「動機」については南部家を裏切ったことに起因する「怨霊」を挙げている。しかし引用部後半には、為信の「真意」として「鯵ヶ沢湊での南蛮貿易を夢見て」いたことが指摘される。受洗しなかった理由については、シュタイシェンの妄説を踏襲している。

まず「時期」について検証すると、「文禄元年（一五九二）十月」に為信の上洛の事実はない。為信は文禄元年から翌文禄二年の間に、肥前名護屋にいたことが分かっている。

肥前名古屋は、「唐入」と呼ばれる秀吉の唐（明）征服計画の前哨戦に位置づけられた朝鮮出兵の大本営であった。秀吉政権は、「唐入」実行のため、天正二十年正月（すなわち文禄元年）に、全国の大名に対して名護屋への参陣を命じている。その際、秀吉が三月一日に大坂を出発し名護屋へ向かうことが明らかにされた[18]ため、各大名は急ピッチで軍勢を整え、二月下旬から三月にかけて次々と名護屋に出陣した。為信の名護屋出陣の出発日と到着日は詳らかではないが、三月から四月にかけて諸大名が兵を伴い名護屋入りを果たしている。為信も軍役を果たすため、おそらく同時期に名護屋に赴いたと思われる。奥羽の大名の中では、伊達政宗が先陣として朝鮮に渡ったが、秋田実季、南部信直、津軽為信らは後詰に位置づけられたため[19]、名護屋に滞在した。

文禄元年の十二月末の南部信直の書状には、為信の名護屋での動向が記されており[20]、文禄二年正月六日付の萩藩の名護屋在陣人数の記録には「津軽左京亮 垣副之間 貳百キ」[21]と記されているから、為信が名護屋で年を越していることがわかる。さらに同年五月二十日に、秀吉は、明の使節（大明国勅使）に危害を加えないことを、名護屋在陣の大名・武将百二十人に対して誓約させているが、その誓約書「誓紙一巻」には、津軽為信の署名と花押が認められる[22]。さらに同月には、関白秀次から名護屋に在陣する為信に対し、その労をねぎらう朱印状が下されている[23]。

これらのことから、為信が文禄元年三月か四月辺りから、年を越え少なくとも文禄二年五月末までは、名護屋に滞在していたことが確認できる。諸大名が名護屋を離れるのは、文禄二年八月十五日に秀吉が名護屋を発ち大坂に向かった後であり、為信も例外ではないであろう。以上のことから、為信が文禄元年(一五九二)十月に京のキリシタン寺に赴いたという記述は、誤りと言わざるをえない。

次に本書では、為信がキリスト教に接近した「動機」に関して、南部家をめぐる「怨霊」に悩まされていたことを挙げている。先に見たように、もともと南部氏を出自とする為信は、家督争いの混乱に乗じて、津軽地方を制圧し、中央政権に領主としての地位を認められた。この行為は、南部氏側から見れば「裏切り」であり、領主の南部信直からすれば為信は実父の「仇」であるから、私怨の対象でもあった。このような為信の心理状態から、本書では「そこで…京のキリシタン寺を訪れ」るようになったと記述している。

キリスト教接近の「動機」として、南部家をめぐる「怨霊」の可能性を示している点は、他の文献にない興味深い指摘であり、章を改めて論じることにする。

ここまで、主要な先行研究を取り上げ検証してきたことを小括する。為信のキリスト教接近の次第についてその「時期」「契機」「動機」について、いずれの文献からも明確な答えは見出すことはできなかったが、さらなる検証を要する二つの点が浮かび上がった。

石戸谷正司「津軽諸侯とキリシタン」では、一五九〇年に来日した巡察使ヴァリニャーノがインド副王の使節として都で秀吉と謁見したことを報告するフロイスの日本年報の記述の中に、高山右近を通じて説教を聴くことを求めた二人の人物がいたことを紹介している。このうちの一人、「奥州の大候」が津軽為信である可能性が示唆された。もしこの人物が為信であれば、為信のキリスト教接近の「契機」を知る手がかりになるであろう。

もう一点は、高木一雄『東北のキリシタン殉教地をゆく』の中で指摘された、為信がキリスト教に接近した「動機」である。本書では、南部家をめぐる「怨霊」に悩まされていたことを「動機」として挙げている。為信が、南部氏を出自としながら、家督争いの混乱に乗じて津軽の領主に君臨したことは事実であり、南部氏が津軽氏に対して厳しい目を向けていたことはよく知られている。しかしどのような意味で南部氏の「怨霊」が為信のキリスト教接近の「動機」となったかは、より詳しい検証が必要である。以上の二点について、次章以降で検証するにしよう。

### ▼Endnotes

1 ミカエル・シュタイシェン／吉田小五郎訳『キリシタン大名』乾元社 昭和二十七年。この訳書の原文は、一九〇三年に英語で出版され、その増補改訂版が一九〇四年にフランス語で出版され、翻訳は後者に依っている。なお、より古い文献として、一八六九年から七〇年にかけて書かれたレオン・パジェス『日本切支丹宗門史』（訳書 クリセル神父校閲・吉田小五郎訳 全三冊 岩波文庫 昭和十三年、十五年）があり、シュタイシェンはこれを参照しているが、パジェスの書は一五九八年から一六五一年までの出来事を内容としているため、信建の受洗についてはわずかに触れられているものの（同訳書上巻 二〇七頁）、為信のキリスト教への接近、信牧の受洗については記されていない。

2 シュタイシェン 上掲書（一七三頁）。シュタイシェンは、同書の二箇所において津軽為信をキリシタン大名の一人に数えている。すなわち、関ヶ原の戦で家康側についたキリシタン大名（二一二頁）、またその功労に応じて領地を得たキリシタン大名（二二三頁）として挙げたリストに「津軽」を含めている。

3　上掲のパジェス『日本切支丹宗門史』も参照したであろうが、為信については記されていない。

4　シュタイシェン上掲書（二八三頁）

5　イエズス会報告（「ロレンゾ・デレ・ポッツェ訳、イエズス会総長宛、一六一五、一六年度・日本年報」）に、流刑者たちが「自分たちの追放の地に到着したが、彼らは既述の地の領主から慈愛をもって迎えられた。私たちが聞いたところでは、彼はさらにいくらか彼らの費用を分担しようと望んでくれたほどである」（上掲『十六・七世紀イエズス会日本報告集 第Ⅱ期第2巻』八二頁）とされる。また、信牧と流刑キリシタンとの対面の場面が流刑者の手紙の文章として紹介されている。信牧は流刑者を召喚し、内府が土地の開墾を命じていることを伝え、流刑者らがそれを喜んで受けると返答すると、「越中殿は私たちの返事を聞いていたく喜ばれ、私たちに誓紙を求めになりました。私たちはすぐに誓紙をしたため、私たちに割当てられた野原を開墾すると約束しました。（越中殿は私たちの）誓紙を受け取ると、すぐにそれを内府のもとに送りました。」（同書二七五頁）とある。またモレホンも流刑者が「（津軽に）到着し、その地の殿に暖く迎えられ援助を受けたことがわかっている」と記している（ペドゥロ・モレホン／佐久間正訳『日本殉教録』中央出版社 昭和四十九年 七五頁）。

6　一六一八年の報告で、信牧が、他者を改宗させたマチアスらを逮捕し、その処遇について江戸に問い合わせたうえ火刑に処したことが記されている。「D・バルトリ著『イエズス会史』抜粋（一六一七、一八年補遺）」上掲『十六・七世紀イエズス会日本報告集 第Ⅱ期第2巻』（三一四 - 三一五頁）および「カミッロ・コスタンツォのイエズス会総長宛、一六一八年度日本年報」同書（四〇一頁）を参照。

7　菅野義之助著・及川大溪補訂『奥羽切支丹史』佼成出版社 昭和四十九年（一九六頁）

8　浦川和三郎『東北キリシタン史』日本学術振興会 昭和三十二年（三四九頁）。この引用に続き、フロイスの報告文（前章で引用した箇所であるが、訳文は異なる）が紹介されている。引用の「津軽一統誌」の冒頭部に「文禄二年（一五九六年）」とあり、著者が西暦を補っているが、誤記であり、正しくは一五九三年である。またフロイスの報告の日付が「十二月十三日附」とあるが、正しくは十二月三日である。その他にも本書には基本的な誤記が目立つ。信建が「花も盛りの二十三歳にして世を去り」（三五二頁）とあるが、実際の享年は三十三歳である。

9　長谷川成一 上掲論文「文禄・慶長期津軽氏の復元的考察」は、津軽藩の動向について文禄・慶長期を「最もわからない」時期とし、「津軽一統誌」等の津軽藩側の編纂物に依拠した従来の研究史に対する反省から、津軽側の史料を用いない方法で同時期の動向の復元を試みている。そして、文禄二年三月に為信が上洛し秀吉に謁見したという「津軽一統誌」の記述（「文禄二年巳年三月下旬大守爲信公此地ヲ御立有テ伏見ノ城ニ於テ太閤秀吉公ヘ謁セラル遠國參向ノ勞上ヲ蒙リ（中略）此時近衛御所ヘモ參上マシマシケレハ…」（上掲『青森縣史』（二）二一七‐二一八頁）については、秀吉の名護屋在陣等の史実をもとに、この記事が「到底信頼をおくことはできない」と指摘している（同書七三頁）。

10 石戸谷正司「津軽諸侯とキリシタン」『弘前大学國史研究』十二号 弘前大学 一九五八年（二〇‐三十三頁）

11 長谷川成一上掲論文「文禄・慶長期津軽氏の復元的考察」では、石戸谷論文について「全て浦川和三郎『東北キリシタン史』（巌南堂 昭和四三年）三四九〜三五一頁のルイス・フロイスによるイエズス会年報に依拠してきた」と指摘している（一〇五頁）。なお、同論文の注32も参照。

12 同上（二一二頁）

13 上掲『青森縣史（一）』所収の「金家記」の記述（二〇三頁）を参照。

14 上掲「津軽諸侯とキリシタン」二三頁。本論文ではフロイスの報告の訳文を「木下李太郎全集第六巻」から引用している。

15 一五九〇年に天正遣欧少年使節とともに来日した巡察使ヴァリニャーノは、翌年、インド副王の使節という立場で、都で秀吉に謁見する。天正十五（一五八七）年、九州平定後に秀吉が「伴天連追放令」を発していたため、イエズス会宣教師たちはいったん平戸に集結するが、その後各地で控え目に布教活動を継続していた。インド副王の使節という立場をとったのは、伴天連追放令により公に宣教師としての立場で姿を現すことが避けられたからである。ヴァリニャーノ一行が秀吉と謁見した時の様子については、『十六・七世紀イエズス会日本報告集第Ⅰ期第1巻』所収「一五九二年十月一日付、長崎発信、ルイス・フロイスのイエズス会総長宛て、一五九一、一五九二年度・日本年報」（二二三‐二三三頁）を参照。

16 海老沢有道は、高山右近を介して受洗した武士たちのなかに、信牧と信建の兄弟を数えているが、フロイスの問題の記述に基づいているかどうかは定かではない。「文禄三年（一五九四）京都地方だけで五百名ほどが受洗したが、その大部分は高級武士であり、キリシタンに傾いている人々も少なくなかった。その年から三年の間に受洗した人々の中には宇喜多秀家の従兄弟や京都所司代の前田玄以の息左近秀以・主膳利尚の兄弟と三人の甥とがあり、信長の孫で三法師と呼ばれた秀信、秀家の妹婿と言われる明石掃部、信濃の京極高知、阿波の蜂須賀家政、津軽信枚・信建の兄弟、細川興元などがある。これらは直接・間接、右近の手引きや、努力によったのであった。」海老沢有道『高山右近』吉川弘文館 平成八年（一七〇‐一七一頁）

17 高木一雄『東北のキリシタン殉教地をゆく』（聖母の騎士社 二〇〇一年 八四頁）。津軽とキリシタンに関わる第一の局面については、上記引用部分のみで、続く段落から第二の局面、すなわち一六一四年の禁教令による関西の信者の流刑とその後の殉教について詳論される（同書 八五 - 九五頁）。

18 三月一日の予定は、実際には、秀吉の眼病や道路の混雑により延期された。秀吉が京都を出発したのは三月二十六日で、名護屋城に到着したのは四月二十五日であった。この間秀吉は早々に先陣部隊の朝鮮侵攻命令を下し、四月十二日には小西行長らの軍勢が釜山に上陸している。鎮西町史編纂委員会編『太閤秀吉と名護屋城』（鎮西町発行 平成五年 九六 - 一〇三頁）

19 上掲『弘前の藩（シリーズ藩物語）』十八頁

20 「宝翰類聚」にある釼帯宛の南部信直書状（上掲『新編弘前市史 資料編2近世編1』三一頁）

21 「萩藩閥閲録遺漏」の名護屋古城記（同上）

22 「誓紙一巻」とは、朝鮮に出陣していた日本軍が勢いを弱め、戦局が悪化していた頃、肥前名護屋を訪れた中国からの使節「大明国勅使」に対して、悪口を言う諸大名・武将の存在が明らかになり、講和の交渉を進めようとする秀吉が、勅使に危害を加えないことを諸大名・武将に誓約させた文書である。奥羽大名における「誓紙一巻」の意義については、長谷川成一「奥羽大名の肥前名護屋在陣に関する新史料について―文禄二年五月「誓紙一巻」の紹介と若干の考察―」「新編弘前市史」編集委員会編『市史ひろさき』第十号 平成十三年 弘前市企画部企画課（四六 - 六五頁）に詳しい。

23 「雖無異事為見舞被仰遣候、永〻在陣苦労共不被覃是非候、此方用事可申越候也、五月廿五日（朱印）津軽右京大夫とのへ」（「国史津」上掲『新編弘前市史 資料編2近世1』三三ページ）なお、この朱印状が文禄二年と推定される理由について、盛田稔・長谷川成一編著『弘前の文化財 津軽藩初期文書集成―国立史料館蔵津軽家文書―』（弘前市教員委員会 昭和六十三年）に詳しい解説がある（六 - 七頁）。

# 第三章　キリスト教接近の「動機」

先行研究の検証から浮かび上がった課題のひとつに、為信のキリスト教接近の「動機」として彼が南部家をめぐる「怨霊」に悩まされていた点が指摘された。既述のように、南部氏と津軽氏との因縁は、為信が南部藩から独立して津軽藩を成立させたことに起因する。為信は南部氏の「怨霊」をどのようなものとして理解し、それが現実にどのような事態をもたらすと考えていたのであろうか。このことについて本章では、より踏み込んで検証したい。

## 第一節 ◉ 南部氏の怨霊

為信が南部氏の「怨霊」に悩まされていたという時、「怨霊」によってもたらされるどのような事態を想定していたのであろうか。まず思い浮かぶことは、南部藩と津軽藩の武力闘争であろう。しかし当時、両藩の間で、過去の因果をめぐり現実に血を流す戦争に発展する可能性は、もはやありえなかった。南部藩も津軽藩も、一五九〇（天正十八）年の奥州仕置により、領地と領主の地位が確定してからは、秀吉政権に組み込まれている。秀吉は全国統一に際して、各大名の領地の裁定を中央政権が掌握し、各地での私的な領土紛争を禁止する「惣無事令」を下しており、私怨による戦は、領地と地位の剥奪につながりかねない非現実的なことであった。

このことについて「九戸一揆」直後における南部信直の対応はわかりやすい例である。「九戸一揆」とは、当時、秀吉の支配体制に反対する勢力が奥州各地で起こした武力蜂起の一つで、南部一族に属する九戸氏による一揆である[1]。秀吉は、一五九一（天正十九）年六月二十日に、為信に対して出陣を命じる朱印状を下し[2]、為信は九月に九戸氏鎮圧に加わった。その直後、信直は為信に対し私怨を晴らすための攻撃を画策するが、結局は断念したことが知られている[3]。信直も為信も、「惣無事令」の原則により、中央政権の忠実な駒として、軍務を担うことしかできない状況下に生きていた[4]。

為信も信直も自らの立場をわきまえていたことは、肥前名護屋に在陣中の信直の書状からも窺うことが出来る。一五九二（文禄元）年三月から四月にかけて肥前名護屋には「唐入」のために全国の大名が集結していたが、そこで行われていたのは、豊臣政権のもとで上手に立ち回り滞りなく任務を遂行するための、益となる大名とのつきあいや情報交換であった。この「日本之つき合い」の様子が、文禄元年十二月晦日に、信直が楢山釼帯に宛てて書いた書状に描かれている。そのなかで信直は、それまで関係が悪かった秋田氏と名護屋で面会をし、代も替わったことでありこの機会に和睦を果たしたことを伝えている[5]。またこの書状には、為信が徳川家康を通して信直との和睦を企図したことも記されている。このとき家康は、前田利家から、為信が信頼のできない人物との情報を得たということである[6]。為信も信直も新しい時代に順応するために、必死に行動していたことがわかる。

為信が名護屋で信直との和解を試みていたことは、その目的が果たされなかったとはいえ、注目に値する。家督争いの混乱に乗じて、南部氏から津軽地方の支配を奪った為信は、南部氏から見れば「裏切り者」、信直からすれば実父の「仇」であった。為信の和睦の試みは、戦国の世の負の遺産である南部氏の「怨霊」を何とか払拭しようとしていた彼の心理を物語っている。

## 第二節 ◉ 怨霊と現世利益信仰

南部氏からの武力による報復の可能性が現実に低かったのであれば、為信は「怨霊」が及ぼすどのような事態に悩まされていたのか。このことに関して、一八二二(文政五)年に記された『御当家深秘録』[7]の記述は、為信の時代の人々と現代人との間に、根本的なものの見方の相違があることや、日本人の宗教観の特性を想起させてくれる。この文書には、為信が二代目領主となる三男信牧に宛てた遺言が記されている。そこには「別シテ南部家ノ怨讐甚タ強カラン」との記述が見られ、為信が津軽統一までの過程で、敵味方関わらず亡くなった多くの者たちの怨霊が子孫に及ぶこと、とりわけ南部氏をめぐる怨念が強いことを、死の間際まで心に抱いていたことが書き記されている[8]。

同文書ではさらに、これまで津軽藩を襲った「天災」や「家臣の反逆」などの障壁は、すべて南部の

「奸計」、すなわち悪しき計画によるとの認識が示され、そのような理解が、為信から二代信牧、三代信義にまで伝播していたことが示唆されている[9]。当時の人々にとって、「怨霊」は単なる精神的ストレスのようなものではなく、現実世界との因果関係を持ち、実際に様々な悪しき物理的現象をもたらす根源として意識されていたのであろう。

為信が「京のキリシタン寺」を訪れ、修道士が説く「救い主」の教えを受けた際に、自身の内奥に重くのしかかる南部氏をめぐる「怨霊」の呪縛からの救済に思いを寄せたことは十分に考えられる。無論、為信にとっての「救済」は、現実に起こりうる「天災」や「反逆」などの不幸からの救済であり、極めて現世利益的なものであった。ここには、当時キリシタンに接近し洗礼を受けたものの、政府の宗教政策の転換一つで信仰生活から離れて行った多くの大名や武家の心理を理解するヒントが隠されているように思われる[10]。

宮崎賢太郎「日本人のキリスト教受容とその理解」[11]では、日本人がキリスト教をいかなる宗教として理解し、いかなる形で受け止めたのかを、主にフロイスの『日本史』に見られる事例を検証しながら、キリシタンの世紀前半を対象に検証している。同論文によると、当時の武士たちが戦へ出陣するに際しては、「戦勝祈願、武運長久が武士の守護神たる八幡大菩薩や摩利支天などに祈願され」、神符、教典、神仏の像などが携帯されたが、キリシタンに改宗した武士たちは「その代わりとして、十字架、メダイ、ロザリオ、聖遺物、聖人の名や聖書の一句などを書いたお札を護身符として宣教師に求めた」ことを、具体例を挙げて指摘している[12]。そして、そのような武士たちの呪術的行為は、宣教師たちからは「熱心な信仰の証」として見られたが、実際には、改宗後も日本人の現世利益的な信仰の本質に変化がなかったとされる。

このようにキリシタンに改宗したあとも、彼らは神仏像のかわりにキリシタンの聖像、数珠の代わりとしてロザリオ、経文の代わりとしてオラショや聖書、守り札の代わりに十字架やメダイを求めた。彼らにとってこれまで慣れ親しんできた、呪術的な現世利益をもたらす「物的信心用具」＝呪物が信仰維持のために不可欠であったことを示している。仏教や神道の衣を脱ぎ捨ててキリスト教の衣をまとっても、その内にある現世利益的、呪術的信仰構造にはほとんど変化がみられなかったようである。ここにはいまだ一神教の芽生えというものは感じられない。[13]

為信もまた、当時の武士の一人として、現世利益を希求する呪術的な宗教観のなかに生きていた。為信が人生のなかで希求した現世利益の内実は大小様々あったであろう。津軽藩領主となった為信にとって、南部氏の「怨霊」から逃れることが、少なくともその一つであったことは間違いないと思われる。

第三節 ◉ 時代状況

フロイスの報告によると、一五九六（慶長元）年の時点で、為信が三男信牧と京都に滞在していたことが知られるが、どのような用件で在京していたかは不明である。ただしこの頃、諸大名が都に次々に屋敷を求め、秀吉の歓心を得るべく時宜を見て都に参勤していたことは確かであり、為信らが関西で宣教師やキリシタンの話を耳にする環境は整っていた。

一五八七（天正十五）年の秀吉の伴天連追放令以来、京都と大坂にあった南蛮寺は破却されていたが、種々の障害を潜り抜けつつ目立たぬように都での宣教活動は継続されていた。イエズス会にとって、諸藩の重臣や諸大名の来訪が多い都での宣教は、重要であった。封建的な日本社会における宣教では「まずこの国を統治する国王、諸侯、大身たちの寵を獲得」することが効果的な手段と考えられたからである[14]。一五九七（慶長二）年には、二十六聖人の殉教により戦慄が走るが、その前年までの都での宣教活動が、比較的平穏に行われていたことは、次のフロイスの楽観的な報告から知ることができる。

我らに対する迫害はここ満十年間その歩みを続けてはいるが、三、四年このかた和らぎ始め、デウスの恩恵の助けによって、キリシタンの事情は常に好転の一途をたどった。また太閤その他の反対者たちの（イエズス）会の人々に対する感情はずっと平静になっている。さらに昨年は、すべての人間的な予想を越えて、都や大坂〔これらの市は、日本国中で重立っているのは言うまでもなく、またすべての貴人の居住地である〕の貴人や著名な人々が我らの法を聞くため都と大坂〔の教会〕へ大勢集まって来たので、それを見たり聞いたりした皆の者は感嘆しないではおれなかった。なぜならこれらの貴人や殿たちは、洗礼を授かるとただちに仲間のすべての友人や知人たちに対して、同様に〔洗礼を授かる〕よう勧めたからである。こうして非常に多くの人々の集団が我らのもとに集まったため、我らの修道士たちは夜を日についで説教を続けざるをえず、人数が不足していた。[15]

宣教師らは影響力のある医師や仏僧の改宗にも熱心だった。著名人の改宗は、人々にキリスト教が既存の日本宗教よりも優れていることを印象づけ、その効力（ご利益）の高さを連想させたであろう。たとえば、フロイス『日本史』には著名な医師・学識者であった曲直瀬道三が一五八四（天正十二）年に改宗した次第が詳しく記されている[16]。道三の改宗には、まずペルショール・デ・フィゲイレドが取り組んだ。当初、道三は「この年齢になった今、道三、何が悲しくて新たな考察などに耽る必要がござろう」として敬遠していたが、徐々に関心を示し教会を訪れ説教を受けるようになり、三日目の教会訪問時に洗礼を受けた。フロイスは、随一の文化的著名人であった道三の受洗の影響の大きさを次のように描いている。

〔道三が改宗して〕数日のうちに都の市中にその情報が伝わると、異教徒たちの間では彼の改宗の話でもちきりで、「あの学者の道三がキリシタンになった。それにはきっと深いわけがあるに違いない」

と話し合っていた。出陣中にこの報せを受けた（高山）右近殿は、（道三の改宗を機会に）友人である大名たちにしきりに誘いかけ、それら大名たちの幾人かは、戦争から帰った後、（道三と）同じように改宗し、洗礼を受けた。…中略…彼は、道三がキリシタンになったことは、キリシタン宗団の信用を高めるためには一万人の改宗より大切なことだった、と言っていた。[17]

著名人の改宗は、布教の成果を上げるために大きな影響があった。キリスト教の「信用を高め」、より効力（ご利益）のある宗教として認知される広告塔になったからである。

ところで、道三が改宗するにあたり説教を担当した一人が「日本人ヴィセンテ修道士」であった。彼は優れた説教師として知られ、同じく日本人のコスメ修道士[18]とともに道三に説教し、都を担当していたオルガンティーノ神父が彼らに立ち会ったという[19]。ヴィセンテ修道士は、為信が説教を受けたとされる人物でもある[20]。為信が自らの受洗を仄めかし、三男信牧に洗礼を受けさせた背景に、この優れた説教師の存在があったことについては、「契機」の検証（四章）で再度とりあげたい。

当時の人々にとって「怨霊」は、前述のように、単に心理的な影響を及ぼすストレス要因ではなく、「天災」や「反逆」等の種々の災難という形で、現実世界に物理的に作用する要因として意識されていた。想定される災難を遠ざけたいという極めて現世利益的な願いは、より効力（ご利益）の高い宗教への帰依によってこそ、叶えられる可能性が高まる。為信のキリスト教接近には、様々な「動機」が複層的に絡み合っていたであろうが、そのひとつに南部氏の「怨霊」がもたらすであろう種々の災難から逃れたいという希求があったと考えられる。

さらに、京都や大坂では、優れた効力が人々の話題にのぼり、説教を受けようと思えばそれが叶う環境が整った状況下にあり、実際に多くの武士や著名人が説教を聞き、洗礼を受けた。宣教師も身分の高い人々の改宗に熱心であった。このような時代状況が、為信がキリスト教に接近することを一層容易にしたのである。

## ▼Endnotes

1 九戸一揆の次第はこうである。南部氏の家督争いを経て南部氏宗家となった南部信直は、秀吉の朱印状により南部藩領主を公認されたが、九戸氏当主の九戸政実は、家督争いの因縁を引きずって、信直の配下に入ることを拒んでいた。信直は九戸氏の一揆を単独で鎮圧することができず、豊臣軍の援軍を願い出た。秀吉政権は、奥羽の諸一揆を鎮圧するために「奥州奥郡」への大規模な仕置を実施し、尾張の豊臣秀次の他、米沢の伊達政宗、会津の蒲生氏郷、常陸太田の佐竹義宣、越後の上杉景勝、江戸の徳川家康などが軍を率いて参陣している。九月に入って蒲生氏郷らの軍が九戸氏を攻め、為信も加勢し、九戸一揆は中央政権の力技で鎮圧された。九戸一揆を描いたものとして高橋克彦『天を衝く 秀吉に喧嘩を売った男・九戸政実（上・下）』（講談社 二〇〇一年）がある。

2 秀吉の朱印状では、九戸氏を「逆意」を企てる者とし、為信の参陣を促している。「奥州奥郡為御仕置江戸大納言、尾張中納言、越後宰相、其外被遣御人数候、然は南部家中企逆意族可加成敗候旨被仰出候条、大谷刑部少輔申次第其方事可相動候也、」（「国史津」上掲『新編弘前市史資料編2近世編1』二十頁）

3 津軽側の史料によれば、九戸一揆鎮圧後、信直は為信が九戸政実と結託していたことや親の仇であることを浅野長吉に訴え、この機に為信を討つことを願い出た。しかし浅野長吉は、信直に対して、既に私怨による争いの時代ではないことを諭している。「長政気色ヲカヘテ申サルケルハ、是ハ両将の御詞共覚ヘヌ物哉、君父ノ怨不与戴天ト候得ハ、唯今迄可有遅延事トモ思ワレヌ、夫ヲ其儘ニ差置レ、今一天下ノ成敗ニ付、上ノ威ヲ仮リ私ノ宿意ヲ遂ラレンコト、義ノ所不中平ト存候ヘ、其上君臣ノ礼ヲ乱ル為信ナレハ、非常ヲ戒ルノ序テナルニヨリ、政實同意ニ御誅罰ヲ加ラレントノ結構、是長政カ所存不相叶、是故ハ南部・津軽異姓他家ノ二端、世以テ所知ニシテ未君臣同姓ノ儀ヲ不聞、然ルニ非礼ノ罪ニ伏セシ九戸ニ同カランヤ、殊ニ此度モ於当表涯分ノ武勇ヲ顕シ、抽忠勤タル為信ヲ、信直一己ノ宿意ニ代テ争可誅哉、当表既ニ静謐ニ及ノ処、新ニ動干戈コト天下ニ対シ其恐不少、長政不肖ナリト雖、東奥治邦安民ノ仰ヲ蒙リ罷下ナカラ、天下擾乱ノ災ヲ引出サンコト思モヨラス候」(「津軽一統志」上掲『新編弘前市史資料編2近世編1』二四‐二五頁)

4　九戸一揆後の津軽討伐未遂が結局実施されなかったことについて、上掲『新編弘前市史通史編2(近世1)』には、次のように解説されている。「戦国末期以来から残っていた信直の為信に対する私恨はこの段階でも消え失せていたわけではなかったのであるが、私戦という行為はすでに豊臣秀吉の天下のもとではできようはずもなかったのである。信直は、秀吉が出した惣無事令によってその近代大名としての権力をようやく存続できていたのであり、その惣無事令に自ら背くことはありえなかったのである。」(五三頁)

5　「今度御陣参会士候而入魂成衆と被言候間、様ゝ堅徹書成候、今之事ニハ無之候、代も替候は一廉可言合と被言候」(南部信直書状 釼帯宛「宝翰類聚 坤」上掲『新編弘前市史資料編2近世編1』三二頁)。

6　「津軽も入魂成度と家康御曖を憑申候、筑前殿家康御越候て其通被仰候、南部ハ某可有次第ニ候、右京表裏仁候間、其分御意得可然候迄被仰候」(同上)なお、本書状に見る信直と為信の名護屋における「日本之つき合い」については、上掲『新編弘前市史通史編2(近世1)』六一‐六四頁に詳しい。

7　『御当家探秘録』は、岩鬼山薬王院十三世別当の覚範が津軽藩に東照宮を勧請することに関して、藩主津軽寧親の命により記したとされる書で、津軽藩における天台宗の擁護を説いている。その写本について、曽根原理「『御郷家深秘録』の諸本 附翻刻」(『神道古典研究所紀要(6)』神道大系編纂会二〇〇〇年一‐十八頁)に詳しい解説と翻刻がある。

8　この文書は、津軽藩と天台宗の密接な関わりを説く目的で、為信の死後、二百年以上経てから記されたものであるから、遺言部分の信憑性は明らかではない。とはいえ、為信以来の南部氏との確執が、その後も永く両藩の障壁として存在し続けていたことを物語っている点で興味深い。なお、南部の「怨霊」を為信のキリスト教接近の動機に挙げた高木一雄『東北のキリシタン殉教地』には、為信の「真意」として、「津軽深秘録」をもとに「鰺ヶ沢湊での南蛮貿易」を夢見ていたと指摘している。この「津軽深秘録」の出典は定かでないが、浦川『東北キリシタン史』にもその為信の信牧への遺言部分が引用されており（同書三五三頁）、内容は『御当家深秘録』と酷似しているため、同じ文書とも思われる。しかし『御当家深秘録』には、「真意」とされる「南蛮貿易」に関する記述は、一切ない。

9　同上論文は、この文書の特徴として「南部家（の怨霊）に対する意識が強い」点を挙げている（同誌二一頁）。翻刻によると、為信が信牧に向けた遺言には、自身の内面の懊悩が次のように語られている。「吾幼若ノ時ヨリ篤ク佛神ヲ恭敬シ、不思議ノ靈夢ノ告ニヨツテ旌旗ヲアケ、國ヲ平ケ漸クニ民ヲ安ス。爾トモ、敵味方ノ死亡多ク怨霊必ス子孫ニ及ヒ殃禍トナラン、佛神三寳ノ冥助ニ非ンハ、争テカ亡霊ヲ救ヒ怨敵ヲ降伏シ、子孫長久萬代不易ノ國家トナナル善功方便アランヤ。別シテ南部家ノ怨讐甚タ強カラン。我後ノ憂惱、是切也。」（同誌八 - 九頁）

10　アメリカの社会心理学者のゴードン・オルポート（Gordon W. Allport, 1897-1967）は、人間の信仰スタイルを「内発的宗教」と「外発的宗教」に分け、「外発的に動機づけられた人は宗教を利用するが、内発的に動機づけられた人は宗教を実践する」と指摘する（大村英昭・西山茂編『現代人の宗教』有斐閣一九八八年一〇八頁参照）。一般に日本人の宗教観は、現世利益的な傾向が強いと考えられている。「怨霊」によってもたらされる「天災」や「反逆」を避けたいという現世利益的な希求は、信仰の動機としては「外発的」である。

11　宮崎憲太郎「日本人のキリスト教受容とその理解」『日本人はキリスト教をどのように受容したか』国際日本文化研究センター一九九八年（一六九 - 二一二頁）。同著者による「生活宗教としてのキリシタン信仰」『宗教研究』第七十七巻第二輯日本宗教学会二〇〇三年（二四三 - 二六八頁）にも同様の趣旨の論述がある。

12　上掲論文「日本人のキリスト教受容とその理解」の「第二項武士層の改宗動機」（一七九 - 一八〇頁）を参照。

13　同論文一八七頁。同論文では武家層と知識人層と庶民層（農漁民層）の改宗動機を分析し、一部の知識人以外はキリスト教信仰の独自性や仏教との差異が十分に理解されないまま受容されたことを次のように指摘している。「確かにキリスト教と仏教のあいだにもたいへん似通ったものがおおく、一部の深く宣教師と交流を持った知識人を除いては、ほとんどの日本人はその間の概念の差異を明らかにできなかったであろうと思われる。まさに天竺渡りの新たな仏教の一派として理解されたとしても不思議はなかった。キリシタン側も日本人の呪物崇拝的傾向を認め、それに適応する方策を施した。」（同論文一八八頁）

14　フロイスが織田信長と美濃で会見し食事を共にしたことを伝える書簡には、次のように記されている。「人々の許で成果を収め、効果的に（彼ら）の霊魂の改宗のために努めるためには、〔超自然的な恩寵の働きに次いで必要な人間的な方策について述べようとするならば〕、まずこの国を統治する国王、諸侯、大身たちの寵を獲得し、それにより、聖福音の説教者が、いかに（彼らから）愛情、尊敬、信望を享受しているかを一同に確認させ判らせるようにすることがもっとも効果的な手段の一つなのです。」フロイス著／松田毅一・川崎桃太訳『日本史4 五畿内篇Ⅱ』中央公論社 昭和五十三年（二二五 - 二二六頁）イエズス会の日本宣教は、周到な準備の上に行われた。ザビエルは、日本への渡航歴があるポルトガル人の商人から、日本の風土や諸制度などの情報を可能な限り収集している。日本が各地域を大名が統治する階級社会であり、都のある京都に中央政府があるという情報から、「上から下へ」という宣教方針がとられた。ザビエル自身、在日中、京都へ赴き中央政権と接触することが大きな目的であった。上掲H・チースリク『キリシタン史考』（十七 - 三一頁、四七 - 四八頁）を参照。

15 上掲『十六・七世紀イエズス会日本報告集第Ⅰ期第2巻』（二〇七 - 二〇八頁）

16 松田毅一・川崎桃太訳 フロイス『日本史5 五畿内篇Ⅲ』中央公論社 昭和五十三年（第五九章 一七八 - 一九〇頁）。同書の注（3）（一八八 - 一八九頁）によると、曲直瀬道三は京都生まれで幼くして僧籍に入るが、足利学校で学び田代三喜より李朱医学を学んだ後、還俗して医師となった。当時「医術において当代随一であったのみならず、茶人、また学識者として最高の文化人の一人」だったという。

17 同書 一八六頁

18 コスメ修道士は「高井コスメ」のことであり、一五七三年にイエズス会士となった説教師である。大坂で細川ガラシャに説教したことで知られる。松田毅一・川崎桃太訳 フロイス『日本史2 豊臣秀吉篇Ⅱ』中央公論社 昭和五十二年の第二四章注（3）（七九頁）を参照。

19 「道三が教会を訪れた時には、いつも二人の日本人修道士ヴィセンテとコスメが居合わせることとし、（彼らが）彼に説教した。…中略…オルガンティーノ師は、これらの説教の際、修道士たち（の許）に立ち会った。」（同書 一八四頁）

20 「彼は異教徒である父親の願いで受洗したが、（父親は）以前大坂でヴィセンテ修道士から我らの信仰について多くのことを聞いたことがあり、本年には説教を聞き終えてキリシタンになる決心をしていた。」（上掲『十六・七世紀イエズス会日本報告集第Ⅰ期第2巻』二四一頁）

# 第四章　キリスト教接近の「契機」

第二章の先行研究の検証において、石戸谷正司「津軽諸侯とキリシタン」に、フロイスが一五九二年十月一日付でイエズス会総長宛てに発信した日本年報の中に、高山右近を介してキリスト教への入信を願うようになった大名が二人いることが紹介され、そのうちの一人である「奥州」の大侯が、津軽為信である可能性が示唆された。同論文では記事の紹介にとどまり論究はなされていないが、この人物が為信であった場合、為信のキリスト教接近の「時期」と「契機」を知る手がかりになる。本章では、フロイスによる問題の記述が、為信について語ったものである可能性について検証する。

## 第一節 ◉ 問題の記述

フロイスによるこの報告は、巡察使ヴァリニャーノが来日し、インド副王の使節として秀吉に謁見するために都へ赴いた文脈にある。使節団は、ヴァリニャーノと帰国した天正遣欧少年使節四名を含む二十六名で構成され、インド副王の贈物と書状を携えていた。ヴァリニャーノ一行は、一五九〇年の年末に長崎を出発し、翌年二月に都に到着している。一行は、秀吉との謁見に成功し、秀吉が尾張に出向いてからもしばらく都に滞在し、その間に多くの諸侯がヴァリニャーノを訪問している。ヴァリニャーノらは秀吉との謁見では、布教への影響を警戒し、伴天連追放令の話題を出さずに、インド副王使節としての立場を貫いたとされる[1]。問題の記述は、この間の都での出来事として描かれている。まず、その記述を確認しておこう[2]。

ある諸侯は、密かに教理の講義を聞いたが、その中には関白殿とも親しい三カ国の領主でもある前田又左衛門の嫡子（利長）もいた。この若者は（高山）ジュスト（右近）殿の父ダリオと近づきになっている。キリシタン宗門の柱石である彼ら（ジュストやダリオ）の努力によって、前田又左衛門（の嫡子）は、キリシタン宗門に関心を抱きはじめ、デウスの御言葉を聞いて、我らの宗門に入ろうと明らかに希望するほどになった。しかし彼は、関白殿の政庁の重要な人物であり、またこのことが公になったら、そのことで（ダリオとジュスト右近殿の身の上に）大きな変動をもたらす危険も恐れられたので、洗礼を授けることはより適した時期まで延ばすことにした。しかし彼は、自ら挨拶のために（巡察）師を訪ねて弟子になることを願った。奥州の国の大名も同様に訪れ、（高山）右近殿を通じて我らの説教を聞くことを望むようになったが、彼も既述の理由から受洗を先に延ばした。より身分の低い貴人たちも聴聞し、（彼らは）受洗した。このようにもし自由に説教を聞くことができるならば、大勢のキリシタンが生まれたことであろう。だがそれは非常な危険をもたらし得ることで、きわめて慎重に振舞う必要があった。[3]

この記述は、フロイスがイエズス会日本年報のために記したものであるが、ほぼ同じ記述が『日本史』のなかにも登場する。全体を通してイエズス会日本年報よりも、それを補足する形で記された『日本史』の方が細部に詳しいため[4]、上記引用部分に関してもいくつかの補足情報を得ることができる。すなわち、前田又左衛門の嫡子利長は「すでに一ヵ国（越中）を統べ」、右近の父ダリオを「召し抱えて」おり、右近自身は「前田又左衛門に仕えていた」こと、利長は「教えを実によく理解したので、なんとしてもキリシタンになる決心でいた」こと、奥州の国の大名は「きわめて強力な」大名と修飾され、「ヴィセンテ修道士が彼らに説教し、彼はよく理解し、（巡察）師を訪問した」こと、である[5]。

訳書『日本史』の注では、「奥州の大名」について「不詳」とされ、伊達政宗の可能性のみ否定されている[6]。さて、この「奥州の大名」が津軽為信であるという仮説をどのように検証すべきであろうか。矛盾する史実が確認できれば仮説は誤りであるし、仮説が正しいことを支持する何らかの情報が見出せれば、蓋然性を高めることになろう。そこで、①為信がこの時期に都で巡察使ヴァリニャーノを訪問した可能性、②この時期までの為信と高山右近の接触の可能性、③この時期に為信がヴィセンテ修道士と接触した可能性、④問題の記述から為信のキリスト教接近と信牧の受洗について報告された一五九六年に至る約五年間における為信と右近の接点、について検証しよう。

第二節 ◉ 一五九一年前後の為信の動向

インド副王の使節としてヴァリニャーノ一行は、一五九〇年の年末に長崎を出発し、一五九一年の一月から二月半ば頃に播磨室津（兵庫県）に滞在後、大坂に上陸し二月十九日から二十一日まで三日間滞在した。二月二十三日に鳥羽に向かい、そこから翌二十四日に盛装し行列を整えて都に向かった。使節団一行は、三月三日（和暦一月八日）に、秀吉から届けられた馬や駕籠に乗って聚楽亭に登城し、謁見に臨んでいる[7]。その日は諸種の儀礼や宴会が行われ、翌日もロドゥリーゲス修道士や伊藤マンショが秀吉に召喚されている。秀吉はその翌日、すなわち三月五日に尾張に出向いたが、その後二十二日間、ヴァリニャーノは都に滞在し、その間に多くの諸侯がこの巡察師を訪ねてきた。離京したのは、三月二十五日である。

このようにヴァリニャーノは、一五九一年二月十九日（和暦天正十九年一月二十六日）に大阪に上陸して三日間滞在し、二月二十四日（和暦閏月一月一日）から三月二十五日（和暦二月一日）までの間、都にいた。では、この間の為信の動向はどうであったか。

前述のように、天正十八（一五九〇）年、津軽仕置があった。秀吉の命を受けて津軽領の検地にあたったのは、高山右近を召し抱えていた前田利家であった。検地は、同年九月下旬から十月上旬頃までに終了し、為信は前田利家の家臣とともに都に上っている。その日付は十月十日ころと推定されている[8]。これは大名の参勤を含む「足弱衆の上洛」で、領地を安堵された大名に対して、妻子を人質として京都の屋敷に住まわせる豊臣政権の政策であった。為信らは十二月には入洛した[9]。この上洛からいつ津軽へ帰着したかは不明であるが、同年六月二十日頃から九戸一揆への鎮圧に向けた動きが活発化していることから、六月頃には既に為信は津軽に居たものと推察される[10]。

このように、ヴァリニャーノが大坂、京都に滞在した天正十九年閏一月一日から二月一日までの間に、為信らが上洛していたことはほぼ間違いなく、ヴァリニャーノを訪ねることは、時間的な側面から十分可能であったということができる。

しかし、むしろ次のように解した方が適切であろう。秀吉政権はすでに天正十七年九月には大名や有力家臣の「女中衆」の上洛と在京を命じ、人質徴収を実行していた[11]。天正十八年に奥州仕置を行って全国統一を果たした際にも、奥羽地方の諸大名に対して参勤と人質徴収を命じ、同年末までに多くの大名が妻子と家臣を伴って上洛していた[12]。

ヴァリニャーノが都に滞在していた時期は、諸大名が参勤のため、都に押し寄せていた時期と重なっていた。大名の参勤の慣習をヴァリニャーノらも理解しており[13]、この機会を利用して諸大名と積極的に面会した。彼らはこの度、宣教師としてではなく、インド副王使節という公の立場にあり、大名たちにとっても訪問しやすい状況にあった。

インド副王使節が秀吉に謁見する件は大いに話題になり、都に居る人々にとって稀に見る一大イベントとなった。ヴァリニャーノ一行が大坂から都入りする際の様子が、次のように描かれている。

翌日になってポルトガル人たちは、盛装し行列を整えて都へ出発した。一行が都に到着すると、盛装した異国人を見ようとして四方から群衆が押し寄せた。そして驚嘆の目は高まるばかりであった。数か月前に〔我らが既述のように〕朝鮮国王の使節も都に赴いたが、朝鮮やシナの習慣に従ったもので、多数の随行者を伴ってはいたが（下品であり）重要な人々は誰もいなかった。そこでヨーロッパの儀仗とても彼らと同じであろうかと考えられていたのである。それが今回の、我ら使節（一行）の華麗さは驚嘆し、このような光景は都では初めてのことだ、と噂された。…中略…（関白殿は）かくて都の所司代と増田仁右衛門を呼び、（巡察）師とその一行にはすべて必要なものを贈与し、邸宅の武士たちには、騒ぎを防ぐため警備にあたり我らの仲間に非礼な振舞いが加えられぬよう、監視を命じた。[14]

また使節一行が秀吉との謁見に向かって行列した際にも、インド副王からの豪華な贈物がお披露目され、人々の注目を集めた。

（巡察）師が出発した邸宅から到着した（聚楽の）城に至るまでの間、すべての街道は、それを見ようとする見物人でいっぱいになり〔人々が自ら語っていたように〕、都が始まってこの方、このような光景は初めてのものであった。[15]

ヴァリニャーノや天正遣欧少年使節らが大坂、京都に滞在中、毎日のように多くの大名の訪問が後を絶たなかったことは、この時期が奥羽地方の諸大名の参勤を含む「足弱衆の上洛」と重なったことと、華麗な出で立ちで現れたインド副王使節団の訪問が注目度の高いイベントであったことが要因であると考えることができる。このような状況において、他の大名らと同様に都を訪れていた為信が、時の人ヴァリニャーノを訪問したとて、何ら不自然なところはない。

フロイスによる問題の記述における「奥州の大名」が津軽為信であるという仮説の検証項目として、上記の①為信がこの時期に都で巡察使ヴァリニャーノを訪問した可能性については、矛盾点は見出されない。

## 第三節 ◉ 高山右近との接触

フロイスの問題の記述では、「奥州の大名」は「(高山)右近殿を通じて我らの説教を聞くことを望むようになった」としている。「奥州の大名」が為信のことであれば、為信がキリスト教に接近することになった「契機」に、キリシタン大名高山右近の存在が浮かび上がってくる。本節では、問題の記述に至る高山右近の経歴を概観し、為信との接触の可能性を検証する。

高山右近は、天文十一(一五五二)年に高山飛騨守の長男として生まれ、父がキリシタンになったことから、永禄七（一五六四）年に家族や家臣とともに受洗した[16]。父子とも元亀元（一五七〇）年に高槻に移り信長に仕え、天正元（一五七三）年に右近は高槻城主となった。高槻には聖堂が建てられ、天正九（一五八一）年にヴァリニャーノが巡察のため都を訪れた際、わざわざ高槻の教会で復活祭のミサを挙げている。本能寺の変の後、右近は秀吉を支えて明智光秀と戦った。その後もイエズス会宣教師の活動を積極的に支援し、安土にあったセミナリヨ（神学校）を高槻で再開し、大坂に聖堂を建立している。天正十三（一五八五）年、明石に移封され、六万石の城主となった。右近は茶人としても知られ、利休の弟子として彼と交流があった[17]。

天正十五（一五八七）年、右近は九州征伐で活躍するが、この年「伴天連追放令」が発せられる[18]。この時秀吉は、右近に棄教を迫るが、右近は拒否した。このことは当然、秀吉の怒りに触れ、右近は明石の知行地を取り上げられ、追放された[19]。右近は小西行長を頼って、淡路島、小豆島、次いで肥後（熊本）に移り住むが、天正十六（一五八八）年、前田利家の加賀藩預かりとなった[20]。この地で、当初からではないようであるが、右近は二万石、父ダリオ（飛驒守）は三千石の知行を受けるようになる[21]。フロイスは右近が加賀で「何一つ責務を負っていない」と記している[22]が、彼は前田家の武将（人持組頭）として小田原や関ヶ原等での戦に参陣したし、平時には民政官（横目衆）の一人として前田家の政務に参与していた[23]。

天正十八（一五九〇）年、秀吉の小田原攻めに際して、右近は秀吉側につく前田家の武将として参陣した。前田軍は、四月から六月にかけて関東周辺の諸城を攻略し、右近は手柄を立てたものの、秀吉との和解は為されなかった[24]。

既述の通り、津軽為信は小田原の役に参陣し沼津で秀吉と謁見したという説があり、事実であれば、高山右近の人生において為信との最初の接触の可能性が指摘できるが、実際には為信の小田原参陣はなかったと見られている[25]。したがって、この年にフロイスの問題の記述における「(高山)右近殿を通じて我らの説教を聞くことを望むようになった」を当てはめるのは不自然である。

すると、為信が右近と最初に接触した可能性は、天正十九(一五九〇)年における当のフロイスによる問題の記述の時期、すなわち前節で見た為信の「足弱衆の上洛」に際する京都滞在時ということになる。右近もこの時、ヴァリニャーノを訪ね大坂、京都に滞在していたからである。そこでこの文脈において、右近がどのような立場で行動していたかを、節を改めて検討してみよう。

## 第四節 ◉ 高山右近の役割

件のインド副王の秀吉謁見にあたり、高山右近はヴァリニャーノらを訪ねるため、加賀から大坂に出て来たことを、フロイスは次のように伝えている。

ところで(高山)ジュスト右近殿は、(大坂の)巡察師を来訪する儀礼で、他の人々に劣りをとることはなかった。右近殿は（巡察）師がやがて入洛されると聞くと、都から五十里隔たった加賀の国（金沢）から都に急行した。右近殿は諸領主、とりわけ関白殿と友誼が厚かったため、オルガンティーノ師は我らの便宜を取り計らってもらおうと右近殿をしばらく（都）に引き留めた。右近殿は用件を処理してから大坂に来たが、その到着は我らにとって大きな喜びであった。巡察師が間もなく〔すなわち一時間ほどたって〕到着した。[26]

右近が大坂に来たのは、ヴァリニャーノが大坂に到着した同日のこととされるので、一五九一年二月十九日（和暦天正十九年一月二十六日）である。右近の父ダリオも同様に都にやってきたとされ、父子はヴァリニャーノと行動をともにしていたとされる[27]。上記引用に「右近殿は諸領主」と通じていることからオルガンティーノに引き留められていたとあるように、多くの大名に名を知られ交流のあった右近が、ヴァリニャーノの大坂、京都滞在中に期待された役割は、大名級の人々とヴァリニャーノとの「取り持ち役」ということができよう。

そもそもヴァリニャーノのこの度の秀吉訪問は、伴天連追放令によって危うい立場に置かれていたイエズス会宣教師としてではなく、インド副王使節という「外交官」としての立場であり、警備が付けられ滞在中の安全は保証されていた。ヴァリニャーノは、この公的な立場を利用して、都で要人との面会を行ったわけである。限られた期間ではあるが、時に都には「足弱衆の上洛」とともに全国から多くの大名が押し寄せていた。この機会に、どのような要人と会うべきかについて宣教師たちだけで判断できたはずもなく、日本の政情や政権に関わる重要な大名級の人物や彼らのキリシタンに対する姿勢等を熟知した指南役、信頼のおける取り持ち役が当然求められたはずである。右近は、その適役であった。

この時の右近自身の心境について、フロイスは「（自分は）この迫害と追放を通じてデウス様を大いに認識するに至った、と述べ、また（自分が）デウス様から受けることができた最大の恩恵の一つは、（領主や重臣たちとの）危険の多い用務や交際のある関白殿の政庁の繋がりや交渉から解放されたことである」[28]と記している。そして右近自身がヴァリニャーノに会った際に「この俗世を去り、さらに息子に家督すべてを譲って、我らの（司祭）仲間もごくわずかしかいない、日本国の何処かに隠居したい」[29]という望みを打ち明けたとされる。しかし、右近の意向に対してヴァリニャーノは反対し、次のように述べている。

もし万一、関白殿が薨去されたら、誰が後継者になろうと、その後継者は、貴殿を（従前）より優れた地位に就かせるに違いない〔なぜなら右近殿は、日本国の有力な領主たちの中で最上の地位にあり、また尊敬されていたからである〕。かくて（貴殿は）数他の霊魂の最上の回心のために、デウスのために大いなる光栄の道を開くことができようと。[30]

つまりヴァリニャーノは、多くの有力者から一目置かれている右近が、今後の政界の変化の中でキリシタン布教に寄与する役割が大きいことを理由に、引退の意向に反対した。宣教師たちにとって右近の存在は得難く、引退は望ましくなかった。この度の訪問においても、諸大名との「取り持ち役」という重要な役割が期待されていた。こうして、「これらの理由を聞いて右近殿は思い留まった」[31]とされる。

三月三日に秀吉との謁見を済ませたヴァリニャーノは、三月五日に秀吉が尾張に出向いてから二十二日間都に滞在した。その間に「巡察師は関白殿以外には、個人的には誰も訪ねはしなかったが、人を遣わして他の諸侯を訪問させた。ところが反対に、いろいろの異教徒の諸侯は自ら来訪した」とフロイスは記している。つまり、この期間にヴァリニャーノを訪問した諸侯には、ヴァリニャーノ側から人物を特定して訪問を促した者と、自らの意志で訪問した者の二種があった。

前者の例として、「豊臣秀次」「毛利輝元」「宇喜多秀家」が挙げられている[32]。これらの人物は、明らかに秀吉とつながりの深い重要人物であり、その人選に「取り持ち役」としての高山右近が関与したのは間違いないであろう。

続いて、後者の人物、すなわちヴァリニャーノがこの機会に訪問させた秀吉政権の重要人物のリストになかったが、「自ら巡察師を訪ねて来た」諸侯の例が挙げられる。この例示こそが、フロイスの問題の記述、すなわち「前田利長」と「奥州の大名」の訪問を伝えた文章であり、加えて「蒲生氏郷」の名が挙げられている。

前田利長にとって右近は父の客将として知己の間柄であろうから、利長が自らヴァリニャーノを訪ねた際、右近が「取り持ち役」として彼を紹介したということであろう[33]。三番目の蒲生氏郷は、この時すでにキリシタンであったので、自らヴァリニャーノを訪問したことは自然なことであった[34]。

さて、問題の「奥州の大名」であるが、この人物が、「(高山)右近殿を通じて我らの説教を聞くことを望むようになった」というフロイスの記述をどのように解すればよいだろうか。

前述のとおり、高山右近が宣教師たちから期待された役割は、大名級の人々とヴァリニャーノとの「取り持ち役」を務めることであった。政界に通じていた右近は、この機会にヴァリニャーノを訪問させるにふさわしい重要な大名の人選を指南するとともに、「自ら巡察師を訪問」してきた大名級の人物との取り持ちを行った。「奥州の大名」は右近の人選リストにはなかったが、「自ら」訪れてきた。大名級の人物に対しては、まず右近が窓口となって名前や出身等の情報を得たのち、ヴァリニャーノに取り次いだはずである。

この際、布教に熱心であった右近は、訪問者がキリスト教に関心があると見た場合には、説教を聞かせる準備をしていたことは想像に難くない。他方でこの頃、伴天連追放令により表立った布教は避けられ、秀吉の姿勢に対するイエズス会士の警戒心が強い時期であった。右近はこの時、前年の小田原での軍功にもかかわらず、秀吉との目通りはなく和解は成立していなかった。ヴァリニャーノは右近が政界に返り咲くことを願っており、目立った布教により秀吉の怒りが再燃し、右近が危うい立場になることは避けたかった。このようなジレンマが、問題の記述において、前田利長と「奥州の大名」が、「密かに教理の講義を聞いた」が、「このことが公になったら、そのことで(ダリオとジュスト右近殿の身の上に)大きな変動をもたらす危険も恐れられたので、洗礼を授けることはより適した時期まで延ばすことにした」[35]と表現されているのである[36]。

これらのことから、「奥州の大名」が「(高山)右近殿を通じて我らの説教を聞くことを望むようになった」というフロイスの記述は、次のように解することができる。前年の奥羽仕置により、「足弱衆の上洛」とともに上洛していた「奥州の大名」は、インド副王使節団が秀吉に謁見するために大坂、京都に滞在していた折に、使節ヴァリニャーノを訪ねた。訪問時に「取り持ち役」を務めていた高山右近の勧めでキリスト教の説教を聞くことを望むようになったが、伴天連追放令の敷かれた状況下で、受洗については先延ばしとなった。

ここまでの検証により、先の検証項目の②この時期までの為信と高山右近の接触の可能性について、初見の可能性が一五九一年初頭における問題の記述の時期であることが明らかになった。もとより、件の「奥州の大名」が為信であることの論拠は見出されていないが、この大名が右近を通じてキリスト教に接し、ヴァリニャーノを訪問した次第がより明瞭に浮かび上がった。

## 第五節 ◉ ヴィセンテ修道士との接点

イエズス会年報におけるフロイスの問題の記述では、「奥州の大名」が「説教を聞くことを望むようになった」と記されているが、ほぼ同じ内容を伝える『日本史』の記述には、前述のように、「ヴィセンテ修道士が彼らに説教し、彼はよく理解し、(巡察)師を訪問した」という補足情報があった。

既述のように、為信がキリスト教に接近し信牧が受洗した次第が記された一五九六年のイエズス会年報には、「彼は異教徒である父親の願いで受洗したが、（父親は）以前大坂でヴィセンテ修道士から我らの信仰について多くのことを聞いたことがあり、本年には説教を聞き終えてキリシタンになる決心をしていた」[37]との記述が見られた。為信とヴィセンテ修道士との接点は、「奥州の大名」が為信である可能性を示唆しており、検証を要すると思われる。

ヴィセンテ修道士は、養方パウロ[38]の息子で、一五八〇年にイエズス会士となり、ルイス・デ・アルメイダから医術を学んだ医師でもあった。彼の名は、イエズス会日本年報やフロイス『日本史』に頻繁に登場し、優れた説教師として、主に身分の高い人物を多く改宗に導いたことが知られている[39]。高山右近との交わりもあった[40]。

『日本史』には、ヴァリニャーノ一行が長崎から都に向かう道中に、ヴィセンテ修道士の活躍が複数回伝えられており[41]、彼がヴァリニャーノと同道していたことが知られている。ところが、ヴィセンテ修道士は秀吉に謁見するインド副王使節団の一員ではなかった。フロイスが示す使節団のメンバー、すなわち司祭を除く二十六名の中にヴィセンテ修道士の名はない[42]。ヴァリニャーノ一行が室に滞在中、使節団の入洛に伴う諸手続きのためオルガンティーノ神父とヴィセンテ修道士が都に先に行き、様々な連絡を室に送っていることからすると[43]、ヴィセンテ修道士はオルガンティーノ神父とともに一行を案内しつつ、秀吉との謁見のために様々な工作を行う役割を担っていたものと思われる。また公的にはインド副王使節の上京とはいえ、道中多くの領主らに会うことが想定されており、実際にヴィセンテ修道士が諸所で説教を行ったことからも知られるように、布教に備えた同道であったことは想像に難くない。

この時のヴィセンテ修道士の役割から、「奥州の大名」が「ヴィセンテ修道士が彼らに説教し、彼はよく理解し、（巡察）師を訪問した」という記述は、よりよく理解することができる。「奥州の大名」は、自らヴァリニャーノを訪問した際、「取り持ち役」の高山右近を介して説教を聞くことを望んだ。右近は、ヴァリニャーノ一行に同道し大名級の人物に説教することに長けていたヴィセンテ修道士を紹介した。こうして「奥州の大名」に対してヴィセンテ修道士が「説教をし、彼はよく理解し」、ヴァリニャーノを訪問するに至った。

さて、先の検証項目の③この時期に為信がヴィセンテ修道士と接触した可能性については、確かにヴィセンテ修道士が使節団とともに同道していたことから、為信とこの修道士の接点に時間的な矛盾がないことが確認できる。とはいえ、一五九六年のイエズス会年報における、為信が「以前大坂でヴィセンテ修道士から我らの信仰について多くのことを聞いたことがあり、本年には説教を聞き終えてキリシタンになる決心をしていた」という記述を、上記の「奥州の大名」がヴィセンテ修道士から説教を受けた件と同一視することができる論拠は見出されない。以下では、その後一五九六年に至るまでのヴィセンテ修道士の動向を確認し、為信との時間的な接点を確認するにとどめたい。

その後のヴィセンテ修道士が、一五九二年に都で活動していたことはイエズス会の目録（日本耶蘇會目録）でわかっている[44]。一五九四年のイエズス会日本年報にも、オルガンティーノ神父とヴィセンテ修道士について「我らは都にすでに二年居住している」[45]と記されており、一五九二年から一五九四年にかけて、都方面で活動していたことが窺われる。

一五九五年のイエズス会日本年報には、都にいるイエズス会士のうち「二名は日本国の諸宗派についての知識が非常に深く、また説教者たち一同の中でももっとも優れている」[46]とあるが、この説教者はヴィセンテ修道士に間違いない。

一五九六年日本年報には、ヴィセンテの名前が頻出する。「都には我らの同僚の二名の司祭と、すべてが説教者である六名の修道士が住んでいて、彼らは絶えずその職務に専念している。大坂には一名の司祭と一名の修道士がいる。都や堺から、毎年何回か近隣の各地への非常に有益な布教が行われている」[47]とあり、また同年の報告に「都の修道院長師は彼ら（使者）の後を追って、五十歳になっていて雄弁のゆえにすべての殿たちのもとで名声を博しているヴィセンテ（・トウイン）修道士をさっそく大坂に派遣した」[48]とある。

このように、ヴィセンテ修道士は一五九二年から一五九六年まで、主に都を拠点に関西地区で活動していることが知られる。他方、既述のように、為信は文禄元年四月頃（一五九二年五月頃）から文禄二年八月頃（一五九三年九月頃）まで名護屋に滞在していた。すると、為信がヴィセンテ修道士から説教を受けた「以前」とは、「奥州の大名」の一件があった一五九一年初旬の他は、一五九三年九月以降、一五九六年までのどこかということになろう。為信とヴィセンテ修道士との接触の時期的な可能性は、以上のとおりである。

## 第六節 ◉ 名護屋での接点

一五九一年初頭を描いたフロイスの「問題の記述」から、その後に為信のキリスト教への接近と信牧の受洗が描かれた一五九六年の年報の記述までには、約五年の期間がある。「奥州の大名」が、仮に為信でなかったとしても、その間に、為信がキリスト教と何らかの接点があった可能性は否定できない。この間に為信がキリスト教に触れた明確な記録は皆無であるが、先に見たように、大名級の人物がキリスト教に接近する際、高山右近が宣教師との「取り持ち役」を担っていたことから、この約五年間における為信と右近との接点をもとに、その可能性を検証することができよう。

為信は、前述のように、天正十八（一五九〇）年末に、津軽仕置の終了を経て、大名の参勤を含む「足弱衆の上洛」とともに都入りし、翌年明けに、インド副王使節団の秀吉謁見のイベントに遭遇したと考えられる。その頃、秀吉政権は奥羽支配を確実なものとするため、政権に抗する勢力を鎮圧していたが、その一つに九戸一揆があった。天正十九（一五九一）年六月二十日、秀吉は為信に対して九戸鎮圧に向けた出陣を命じる朱印状を下しているので、為信は六月頃には津軽に帰国していたと考えられる。そして同年九月、為信は九戸氏鎮圧に加わった。

「足弱衆の上洛」や九戸一揆の鎮圧など、為信は秀吉政権の軍務を担う一大名となっていた。そして次の大規模な軍務は、朝鮮出兵の大本営である肥前名護屋への出陣であった。天正二十（一五九二）年（すなわち文禄元年）正月付で、新しく関白となった秀次から全国の大名に朱印状が下され、同年三月から四月にかけて名護屋には全国の大名が集結し、為信も参陣した。秀吉自身も四月に名護屋入りしている。名護屋での滞在は、年を越え翌文禄二（一五九三）年まで続いている。同年八月十五日に秀吉が名護屋を発ち大坂に向かった後、大名たちは名護屋を離れていくので、為信もその頃には名護屋を離れたと考えられる。

名護屋には、前田家預かりとなっていた高山右近も参陣している。右近は伴天連追放令が下された際に棄教を拒否し、秀吉から知行を取り上げられ追放の身となっていた。前田家の武将として小田原征伐に加わり軍功を上げたにもかかわらず、秀吉との目通りは叶わなかった。しかし前田家の客将として名護屋在陣中、右近は秀吉との謁見が許され和睦したとされる。この件について、フロイスは次のように記している。

しかるに当（一五九二）年、（老関白は）急遽名護屋に出かけることとなり、彼の許である日話題が（高山）ジュスト右近殿のことに及ぶと、右近に逢い快く彼を迎えたいから（と言って）彼を召喚するよう命じた。かくて（右近が）（老関白）の命令で都に赴くと、（老関白）は下に行くように、そこで引見するだろうと期待させた。そして（老関白は）名護屋に二カ月近く滞在した後、彼を引見し、面前に出頭することを許したが、それは日本では和解の印しであり慣習に基づくやり方であった。（老）関白は彼を見ると優しく声をかけ、久しく汝に逢わなかったが、定めて窮乏の生活を余儀なくさせられたことであろうと言った。そしてその二日後には、特に位が高くかつ親しい貴人以外には迎え入れることのない茶の湯（茶室）に彼を招いた。（その際）彼は（右近と）ともに羽柴筑前殿（前田利家）、ならびに諸人からきわめて尊敬されている重立った一武将をも招待した。[49]

秀吉との和睦が叶った後、右近は以前のように諸大名と交流したという[50]。名護屋には先陣として朝鮮に出兵していない全国の大名が陣屋を設けて滞在しており、彼らは豊臣政権のもとで上手に立ち回り滞りなく任務を遂行するために、有力大名に取次を求めるためのつきあいや情報交換を行っていた。上記の引用に、高山右近が前田利家らとともに秀吉から茶会に招かれたとされるが、茶の湯は大名同士の交流の場であり、政治的な意味合いもあった[51]。他方、名護屋では城を中心に半径三キロメートルの範囲内に全国の大名とその家臣の陣屋がひしめき合っており、その不自由な生活の憂さをはらすため茶の湯の他、たびたび酒席が設けられ、蹴鞠、鼓や太鼓、能などが盛んに行われたとされる[52]。右近も名護屋の陣屋に「二畳床無し」という小さな茶室を設けており、博多の豪商「神屋宗湛」一人を客にした茶会の記録が残っている[53]。

為信もまた諸大名とのつきあいに奔走していた様子が、既述の南部信直の書状に描かれている。そこには、為信が徳川家康を通して南部信直との和睦を画策したが、家康は前田利家から為信が「表裏仁」、すなわち信頼のできない人物と指南されたことが伝えられている[54]。また、信直の別の書状では、名護屋において「日本之つき合」に朝夕気遣う生活が記され、「為信は前田利家のところへ行ったが、しつこくものをいったので、利家の重臣奥村主計によってやり込められ恥をかいた」とされ、それ以来為信は利家への挨拶を避け、陣屋にこもったとされている[55]。

ところで、為信の陣屋は秀吉が居住する名護屋城のすぐ隣に位置し、同じ丘陵地の「南東へ約八〇〇メートル下った所に前田利家、直線で北東へ約一キロメートルの所に徳川家康の陣屋がそれぞれ配置され」ていた[56]。先の為信が恥をかいたことを伝える信直の書状の日付は、文禄二年五月末であり、仮にそれ以降為信が前田利家への挨拶を止めたとしても、それまでの一年数ヶ月の間に狭い名護屋城下で、為信が徳川家や前田家の関係者と接触する機会は必然的に多かったといえよう。前田利家は天正十八（一五九〇）年に津軽仕置のために直接津軽を訪れており、為信との面識があった。為信は前田利家から「表裏仁」と見られ、つきあいでうまく立ち回れなかったとされるが、利家との接触を示す信直の書状は、同時に、利家の家臣であり名護屋で諸大名との交流を再開した高山右近との接触の可能性を示唆するものである。

なお、『日本史』によると、名護屋でもイエズス会士の布教が行われていた。文禄二（一五九三）年の四旬節には、右近ら名護屋に居たキリシタンの願いで、司祭が一人派遣され十一日間滞在した[57]。またジョアン・ロドゥリーゲス修道士と日本人のコスメ修道士が名護屋に数ヶ月滞在し、「きわめて重要人物である多くの異教徒の諸侯とも会談し、説教と談話によって我らの教えを彼らに知らしめ、それに親愛感を抱かせ、幾人かの異教徒の貴人には、キリシタンになりたい気持を起させた」[58]とされ、実際にロドゥリーゲスは、秀吉や徳川家康に引見されたという[59]。高山右近が、天体現象に関心の深い前田家に仕える「きわめて位の高い貴人」をロドゥリーゲスに引き合わせてもいる[60]。名護屋ではポルトガルの衣装や小物が流行し、秀吉が名護屋から都に帰る際には、随行者たちがポルトガル風の衣装をまとっていたという[61]。為信が名護屋でキリスト教や南蛮文化にまったく触れることがなかったとは考えにくい。

## 第七節 ◉ 伏見での接点

文禄二（一五九三）年八月十五日に秀吉は名護屋を発ち大坂に向かい、引き続き大名勢も帰国している。ところで秀吉は、前年八月から伏見城の築城を開始していた。文禄の役の後、政権の機能は伏見に移転することになったからである。全国の大名たちは伏見城下の屋敷に移転し、そこに妻子を住まわせ、自らも参勤のために上洛した。本節では、伏見における為信と右近の接点を検証する。

伏見城は当初、秀吉の隠居城となる予定であったが、文禄二年八月に秀頼が誕生したことから跡継ぎとなる秀頼の権力拠点として本格的な城郭建築に変更され、文禄三年八月に指月伏見城が完成し、秀吉と秀頼は城入している[62]。同年、城下町の整備が行われ[63]、文禄四年に聚楽第が取り壊され遺構が伏見城に運ばれる頃に、大名たちの伏見城下町への移転が本格化した[64]。しかし文禄五（一五九六）年（すなわち慶長元年）閏七月に大地震（京畿大地震・慶長伏見地震）が起こり、指月伏見城が破壊されたため、秀吉は木幡山に新たに城を築くことを命じ、それは翌慶長二年に完成した。

さて、長谷川成一「伏見桃山城下の津軽家屋敷」[65]は、津軽藩が伏見城下町の武家屋敷に、三つの屋敷を拝領していたことを、初めて確認している。同論文は、慶長元年の地震後の城下町における大名らの屋敷の絵図[66]の中に、為信（「津軽右京亮」）の屋敷が二カ所（「伏見城の東側の端」と「南西の端」）、信牧（「津軽越中守」）の屋敷が一ヵ所あることを見出している[67]。

この論文に掲載された絵図の拡大図から、意外なことが知られた。それは、城下町の「南西の端」に位置する為信の屋敷の西側に隣接する屋敷に、「高山右近長房」の名が見られることである。「長房」は右近の本名で、「右近」は通称であるから[68]、この屋敷は間違いなく高山右近のものである。伏見城下町では政権の方針に基づいて大名屋敷が配置されていた。為信の領地高が三万石程度、右近も二万石程度あったので、似たような領地高の大名らが隣り合わせとされたのか、配置の理由は知る由もない[69]。ともあれ、伏見の城下町において為信と右近は、隣り合わせで屋敷を拝領されていたのである。

この頃に、右近が京都を訪ねていた記録がいくつか見られる。文禄三年二月七日、右近がキリスト教信仰に導いた蒲生氏郷が亡くなったが、高山右近は病床の氏郷を見舞い、最期まで看取ったとされる。都にいたオルガンティーノによるイエズス会総長宛一五九五年二月十四日付の書簡に、右近が一端冷え込んだ氏郷の信仰を甦らせたことが記されており[70]、三月十七日（西暦）に亡くなるまで、右近が一ヵ月以上京都にいたことがわかる。この時点で氏郷の屋敷が伏見に移っていたかどうか不明であるが、上記の絵図のうち為信の屋敷が位置する「伏見城の東側の端」の写真には、為信の屋敷の東側二軒目にひときわ広い「蒲生飛騨守氏郷」の屋敷が記載されている。

文禄三（一五九四）年四月七日、秀吉が伏見の前田利家邸を訪問した際、すでに名護屋で秀吉との目通りを許されていた右近が、家臣団の一人として同席していたことが、日本側の史料で知られている[71]。

前田利家の伏見の屋敷は、すでにこの頃完成していたことがわかる。

同年の「春か夏」[72]、右近の父ダリオが亡くなった。右近が文禄二年に名護屋から戻った際、父ダリオは病に伏していた。右近は、北国の寒さを避け名医に見てもらうよう父ダリオを都に移したのである[73]。フロイスによると、父ダリオは伏見の右近の屋敷とは別の場所「ミヤコの近く」で臨終を迎えたが、その時、右近らが立ち会っていた。また遺骸は右近の屋敷の中庭に仮埋葬された後、数ヶ月後に長崎へ運ばれたとされる[74]。この屋敷は伏見の城下のものであったかもしれない。なお、文禄四(一五九五)年十一月三日に、右近は伏見の前田邸で開かれた茶会に参加している[75]。

同じ時期に為信が上洛した時期は明らかではないが、伏見の屋敷への移転や参勤など、諸々の機会があったことは確かであろう。慶長元年から始まる木幡山城の築城に際しては、奥羽の諸大名が作事板の運上を命じられており、同年に津軽藩も杉板を廻漕している[76]。いずれにしても、伏見城下で為信と右近が隣接する屋敷に居住していたことは、両者の決定的な接点ということができよう[77]。

先に挙げた最後の検証項目、④問題の記述から為信のキリスト教接近と信牧の受洗について報告された一九九六年に至る約五年間における為信と右近の接点について、ここまで名護屋と伏見のケースを検証した。

## 第八節 ◉ 「契機」の小括

津軽氏とキリシタンをめぐっては、従来一五九六年と一六〇七年のイエズス会年報に依拠して語られてきた。本章では、一五九一年度の年報（及び同内容の『日本史』）に見られる、高山右近を介して説教を望むようになった「奥州の大名」に関する記述が、津軽為信のキリスト教接近の契機を示すものとの見通しを、ヴァリニャーノ、高山右近、ヴィセンテ修道士との時間的空間的な関わりを通して検証した。

その結果、「奥州の大名」が為信であるとの確たる論拠は見出されなかった。とはいえ矛盾する史実も見出されず、かえってその蓋然性を高めるいくつかの事項が確認された。すなわち、①ヴァリニャーノがインド副王の使節として大坂、京都に滞在し、彼を訪問する多くの大名を右近が取り持っていた時期に、為信も入洛していたこと、②右近を通じて「奥州の大名」はヴィセンテ修道士の説教を聞いたが、この修道士は一五九六年の年報において、以前為信に説教した人物として名が挙がっていること、③名護屋在陣中に為信と右近は狭い空間で一年以上過ごしており、為信は右近が仕える前田利家とのつきあいに臨んでいたこと、④伏見城下の為信の一軒の屋敷が、右近の屋敷と隣接していたこと、である。

「奥州の大名」が為信である確証は得られなかったものの、少なくとも文禄から慶長年間に、為信と右近が接触した可能性が十分にあることは明らかになった。為信のキリスト教接近を伝える年報が書かれた一五九六年の秋には、サン・フェリペ号事件がおこり、翌年の長崎二十六聖人の殉教につながる。おそらくこうしたことから為信は受洗に至らなかった。

その後、秀吉の死、関ヶ原、徳川政権の成立をともに経験した為信と右近は、伏見城下の屋敷で顔を合わせた時、果たしてどのような挨拶をかわしたのだろうか。為信は受洗した長男信牧と同じ一六〇七（慶長十二）年に五十九歳で亡くなり、右近は一六一五（慶長十九）年の禁教令でマニラへ追放され、翌年六十三歳で亡くなった。

### ▼Endnotes

1　「（関白殿）は当初から、使節がこの（追放令解除の）問題を話題に持ち出すことを断じて罷りならぬと言っていたので、キリシタンの諸侯は、（使節が）その話をすれば、益するどころか、（殿を）憤激させる結果になると考えていた。そこで（巡察）師は、この問題についてはいっさい触れず、関白自身が心の中でどう決心したか、口外するまで待つことにした。」（上掲『十六・七世紀イエズス会 日本報告集 第Ⅰ期 第1巻』二三一－二三二頁）

2　上掲の石戸谷論文では、フロイス年報の記述を『木下杢太郎全集』（第六巻 二三〇頁）の訳から引用している。木下杢太郎は『ルイス・フロイス日本書翰』（第一書房 一九三一年）で、一五九一年、一五九二年度のフロイスによる日本年報を翻訳している。

3　上掲『十六・七世紀イエズス会日本報告集第Ⅰ期第1巻』（二三四頁）

4　イエズス会の日本年報は、諸種の混乱を避け、各地の会員や世間に出版を通して公開するために、報告者（その多くにフロイスが携わっている）の記述は上長により是正や削除が施された。現在邦訳されている同朋社出版の訳書もその公開版を原本としている。日本年報のこのような方針を制度化したのは他ならぬヴァリニャーノであり、並外れた文才により詳述を好んだフロイスの報告書も修正を施されたという。イエズス会日本年報のテキストに関しては上掲『十六・七世紀イエズス会日本報告集第Ⅰ期第1巻』の松田毅一による「解題」（vii-xxiv頁）に詳しい。他方、『日本史』は一五八三（天正十一）年秋に日本副管区長ガスパル・コエリョから編述を命じられたフロイスが、心血を注いだ書である。フロイスはこれまでの年報をもとに、自身の見聞や経験を総動員して本書をまとめた。一五九三年にマカオにおいて、フロイスは本書の推敲をしつつ、ヴァリニャーノからより短く纏めるよう求められたが、原形のままで本書が刊行されることを熱望していた。その願いは存命中にかなわなかった。『日本史』の記述はそれまでの年報を補足したものであるため、年報よりも細部に詳しい情報が盛り込まれている。『日本史』の執筆経緯については、ルイス・フロイス著 松田毅一・川崎桃太訳『完訳フロイス日本史1 将軍義輝の最期および自由都市堺 織田信長篇Ⅰ』中央公論社二〇〇〇年の巻末「ルイス・フロイス略伝」及び「日本史の構成と写本」(三二一 - 三三九頁)に詳しい。

5 上掲『日本史5 五畿内篇Ⅲ』(二八四 - 二八五頁)

6 「伊達正宗は、天正十九年二月四日(洋三月二十八日)に入京した(小林清治著『伊達正宗』二二三ページ)から別人であろう。」(同上二九〇頁)

7 「こうして指示された日、すなわち四旬節の第一日曜日(三月三日)になると(巡察)師は登城するように召喚された。」(上掲『十六・七世紀イエズス会日本報告集第Ⅰ期第1巻』二二二頁)なお一連の日付は、ルイス・フロイス著 松田毅一・川崎桃太訳『完訳フロイス日本史12 キリシタン弾圧と信仰の決意 大村純忠・有馬晴信篇Ⅳ』中央公論社 二〇〇〇年の巻末「日本史」年表(二六〇 - 二六一頁)に従った。大坂の日付は、上掲『日本史2 豊臣秀吉篇Ⅱ』第二五章(八二 - 九二頁)及び同章注(3)(九二頁)を参照した。

8 日付については、本書第一章注16を参照。

9 前田利家の家臣河島重続による十二月二十九日の書状に、津軽仕置後の為信とその「足弱衆」の上洛が伝えられ、河島自身は十二月五日に上洛したことが記されている。「南部右京亮并足弱衆も同前ニ被罷上候、仙北、由利、庄内之一揆、端々雖発申候、不経時日被申付候、去月至加州帰陣被仕、即五日ニ上洛被申候」(上掲『新編弘前市史資料編2近世編1』十八頁)。

10 天正十九(一五九一)年六月二十日付で為信は、秀吉から九戸一揆への出陣を促す朱印状を受け取っている。「奥州奥郡為御仕置江戸大納言、尾張中納言、越後宰相、其外被遣御人数候、然は南部家中企逆意族可加成敗候旨被仰出候条、大谷刑部少輔申次第其方事可相動候也、六月廿日(朱印)津軽右京亮とのへ」(『国史津』上掲『新編弘前市史資料編2近世編1』二十頁)なお同日付で秀吉は、伊達政宗にも朱印状を下し、九戸一揆を鎮圧するための便宜を命じている(同書二一頁)。

11 上掲 長谷川成一「天正十八年の奥羽仕置と北奥・蝦夷島」(二五 - 二六頁)

12 同上論文によると、秀吉政権の人質徴収は、妻子の在京と大名自身の参勤が含まれており、その後の名護屋出陣や伏見城築城などの軍役を見越した政策であった。伊達政宗と最上義光は天正十八年七月二十六日に、陸奥国の南部氏、出羽国の戸村氏は同年七月二十七日に「足弱衆の上洛」を命ぜられるなど、奥州仕置と並行して下命された。多くの大名は、その年の奥羽地方での諸一揆を鎮圧後、同年末までに妻子とともに上洛している。「奥羽地方の諸大名に足弱衆の上洛を命じた七月晦日の朱印状は、奥羽両国を手中にしたと考えた秀吉が、検地もさることながら両国大名衆の参勤と足弱衆の上洛をまず構想し、実行に踏み切ったといえよう。換言すれば、奥羽両国並びに「津軽・宇曾利・外浜」までの各大名達の参勤と足弱衆の上洛を命じることで、豊臣政権の軍事動員が全国に及ぶことが可能になり、ここにその軍役体系が完成し、全領主階級を指揮下においたといってもよかろう。」（同論文二一頁）

13　全国大名の参勤時期と重なっていたことについて、イエズス会側も理解していた。ヴァリニャーノ一行が都へ到着する前、二ヵ月程「室」に留め置かれ、そこで正月を迎えたが、参勤帰りの多数の大名がヴァリニャーノと遣欧使節らを訪問している。この時多くの大名が訪問した事情について、フロイスは『日本史』で次のように記している。「室で生じたことを理解するためには、日本では、正月、つまり最初の月と称せられる（一）年の第一の月に、すべての家臣と従者は臣下として奉仕する身分を感謝するために主君の許に伺候することがあまねく習わしとなっていることを知っておかねばならない。日本では、こうした伺候と敬礼のことを、礼を為すと呼んでいるが、それは日本の一般的な習慣であり、今や日本全国の絶対君主となった関白は、（人々が）自分に対してこの慣習をかならず遵守するようにと強制した。それゆえこの正月の時節になると、日本中のすべての領主と武将たちが、親しく関白に礼を尽すために伺候するのであるが、それも日本で慣習となっているこの（正月の）時期においてのみならず、（関白）の身になんらかの慶事、もしくは悲しい事があったような別の機会にも特別に参上することになっている。これら（日本の）諸侯は誰も皆、彼を大いに恐れており、彼の意志に従って行動することを欲し、かつ彼に対して自らが抱いている並々ならぬ愛情を示したいと切に望んでいるので、そのような際には、たとえ僻遠の地方からでもかならず伺候し、つねに立派で高価な贈物を携えねばならなかった。」（上掲『日本史2 豊臣秀吉篇Ⅱ』六五‐六六頁）

14　上掲『十六・七世紀イエズス会日本報告集第Ⅰ期第1巻』（二二〇‐二二一頁）

15　同上（二二三頁）

16　高山右近の生涯については、主に上掲の海老沢有道『高山右近』及びH・チースリク『高山右近史話』聖母の騎士社一九九五年を参照した。

17　茶人としての高山右近、キリシタンと茶道に関する文献に、西村貞『キリシタンと茶道』全国書房一九四八年、上掲『高山右近史話』における「十八 茶道とアガペ」（二三六‐二五七頁）、中山裕樹編『高山右近 キリシタン大名への新視点』宮帯出版社二〇一四年の神津朝夫「第四章文化から見た高山右近」（二五八‐二七三頁）などがある。

18　「伴天連追放令」は、天正十四（一五八六）年にイエズス会準管区長コエリョとフロイスが大坂城で秀吉と謁見した際、秀吉の前で政治問題に言及し、キリシタンの領主らが宣教師らの指示で動くことや、外国の軍事的援助を約束するなどの不用意な発言をしたことが主要因であるとされる。これについては、上掲H・チースリク『キリシタン史考』の「準管区長コエリョの軍事計画」（一八〇 - 二〇五頁）に詳しい。

19　天正十五年六月十九日に発せられた「伴天連追放令」の五カ条と、前日の十八日に大名向けにキリシタン入信について公儀に従うよう促した十一ヵ条との関係に議論がある（上掲H・チースリク『高山右近史話』二一八 - 二一九頁参照）。上掲『高山右近 キリシタン大名への新視点』所収の編者による論文「加賀前田家と高山右近」では、次のように解釈されている。すなわち、「右近の宗教的感化力に脅威を感じた」秀吉は、十九日に右近に棄教を迫ったが、右近がこれを拒否したことから、「右近に対する怒りと弾劾の思い」から、五ヵ条の文面、特に「領主はその土地の当座の領主に過ぎない」ことを記した第三条の明記に繋がり、それが翌二十日に、早速イエズス会準管区長コエリョに渡された（同書 六三 - 六八頁）。

20　右近が加賀預かりになった事情について、上掲の中山裕樹「加賀前田家と高山右近」では、日本側とイエズス会側の先行研究を検証し、「秀吉の強い意向がまずあり、前田利家や大納言秀長らの取り成し・嘆願は二次的なものと理解できる。右近の加賀行きは秀吉の掌中でなされ、その監視を受けていたといえる。文禄四年に前田利家が得た越中新川郡（太閤蔵入地）は、右近のような客将を抱えていた前田家への代償と見ることもできる」とし、さらに「一向一揆の伝統を受け継ぐ加賀門徒の世界に送れば、右近の宗教的感化力は十分押さえられると見込んだから」と推測している（六八 - 七三頁）。

21　石高について上掲『高山右近史話』（二六四頁）、上掲の海老沢有道『高山右近』（一五四頁 本書では二万七千石）も参照。利家が家中の不満に配慮して、右近に当初から高額の知行を与えなかったことについて、上掲の中山裕樹「加賀前田家と高山右近」では「利家家臣として二万石を超える知行を得たのは、おそらく文禄年間のこととみられる。右近は前田家客将として、天正十八年（一五九〇）の関東の役（小田原の北条攻め）に出陣し手柄をたて、秀吉からも忠誠を尽くしたと認知されたあと、一定の知行が下されたのであろう」（七三頁）と推察している。

22　「この人に対して我らの主は、多くの辛苦によって彼の信仰を試練にかけた後で、加賀の国王のもとで恩恵を受けるように取り計らわれた。関白殿の［と人々が信じているように］命令で、年四万俵の俸禄が彼に与えられ、しかも何一つ責務を負っていないのである。」「一五九〇年十月十二日付、長崎発信、ルイス・フロイス師のイエズス会総長宛て、一五九〇年度・日本年報」上掲『十六・七世紀イエズス会日本報告集第I期第1巻』（一八一 - 一八二頁）

23　中山裕樹 上掲論文（七八 - 八〇頁）では、「越中古文書二」「国事雑抄」「万治已前御定書」等の『加賀藩史料』の記録をもとに右近が横目衆の一人として活躍したことを確認している。

24 「前田利家の軍は四月に上野松井田城（群馬県碓氷郡）を、六月には武蔵鉢形城（埼玉県大黒郡）、ついで八王子城（東京都八王子市）を攻略、そして小田原を囲んだが、右近もその下にあって、クルスの旗をかざして華々しい軍功をたてた」（上掲の海老沢有道『高山右近』一五五 - 一五六頁）

25 本書第一章注15参照。

26 上掲『十六・七世紀イエズス会日本報告集第Ⅰ期第1巻』（二一九 - 二二〇頁）この時のことは『日本史』ではより詳しく次のように記されている。「巡察師が大坂に着くと、すぐにそこに来た人たちのうちには（高山）ジュスト右近殿がいた。彼は都から五十里近く距たった加賀の国にいたが、（巡察）師からの書状によって、彼の到来を知り、さっそくオルガンティーノ師に逢おうとして都に赴いた。また（巡察）師がまだ室に滞在していると思い、是非そこに行こうとしたが、オルガンティーノ師はこれを引き留めた。（ジュスト右近殿は）（オルガンティーノ師）の助力を得て、諸領主、ことにジュストの大の友人である（黒田）官兵衛殿と交渉したが、（ジュスト右近殿）はあたかも家の（使い走りをする）若者のように、司祭から種々の伝言を帯びて行った。彼は、巡察師が大坂に着くわずか一時間前に、そこに到着した。（巡察）師も他の一同も、いずれも（ジュスト右近殿）と逢って一方ならず喜んだ。」（上掲『日本史2 豊臣秀吉篇Ⅱ』八六頁）

27 キリシタンたちが「一種の組を組織」し、信仰共同体を保っていたことを記す文脈で、「これらの頭目の第一人者と見なされるのは、加賀国にいる（高山）ジュスト右近殿である。殿は危険や損得を無視して、精神的にだけでなく物質的な援助によって、貧しい人々を助けた。そして（巡察）師が都に滞在している間は、殿は決してその側を離れようとはしなかった。（高山）ジェスト（右近）の父なる、越中国のダリオも同様に振舞った。彼は（巡察）師が都に到着したことを知ると、六十歳を越える身で真冬の大雪の降りしきる中を、五十里以上もの遠方からはるばる都にやって来て（巡察）師が出発するまで都に留まった」と記されている（同上二三六頁）

28 上掲『十六・七世紀イエズス会日本報告集第Ⅰ期第1巻』（二二〇頁）

29 同上

30 同上

31 同上 なお右近の引退の意向にヴァリニャーノが反対した次第について、『日本史』にはより詳しい記述が見られる。それによるとヴァリニャーノの反対意見に対して右近は「このことについて（巡察）師に大いに抗弁するところがあったけれども、この問題については（最終的には、巡察）師の決定と意見に従う決意でいたことだし、（巡察師の談話における）多くの道理に促されて、（その決意どおりにすることにした。）それというのも、彼はそのためにこそ、久しい間、（巡察）師に逢うことを渇望していたと述べていたのであった。（かくて）彼は、ついに（巡察）師から忠告されたようにすることに同意し、諒承した」とされる。（上掲『日本史2 豊臣秀吉篇Ⅱ』

八八頁）

32 「すなわち、（巡察）師は、人を遣わして、関白殿の甥で後嗣でもある大納言（秀次）を訪問させたところ、殿はこの儀礼を非常に心から歓迎し、日本の贈物さえ届けた。（巡察）師はまた、関白殿に次ぐ九ヵ国の領主である毛利（輝元）殿と、十三ヵ国の領主である（宇喜多）八郎（秀家）殿（彼は関白殿の一養女を夫人にしている）をも訪問するよう人を遣わした。」（上掲『十六・七世紀イエズス会日本報告集第I期第1巻』（二三三・二三四頁）なお、ほぼ同じ記述がある『日本史』では、秀次からの贈物について「百グルザード以上の価値がある日本の反物」とし、毛利輝元については「領地と財産において今までのところ関白に次ぐ…」と補っている（上掲『日本史5 五畿内篇Ⅲ』二八三頁）。

33 前田利長は、右近を召し抱えていた前田利家の長男で越中守山城主であった。利長は、右近の父ダリオを預かっていた。慶長四（一五九九）年に利家が病死した後、利長が家督を継いだ。高山右近は禁教令によるマニラ追放に至るまで、利長の重臣として仕えている。イエズス会報告には、利長がキリシタンに理解があったが最後まで受洗には至らなかったことについてたびたび記される。例えばフェルナン・ゲレイロ編「一六〇五年の日本の諸事」（上掲『十六・七世紀イエズス会日本報告集第I期第5巻』所収）には、利長が司祭を礼節をもってもてなしたことが語られた後、「この殿はデウスの教えのことに抱く親愛の情と、それらを聞きたいとの強い望みをますます示している。しかし、これを実行に移しきることは決してない」（同書一一六頁）とある。

34 蒲生氏郷はもともと近江の領主であったが天正十二年に伊勢に転封された大名で、右近の手ほどきで天正十三（一五八五）年に受洗した。受洗に至った経緯については、上掲『日本史1 豊臣秀吉篇Ⅰ』（一八三・一八七頁）に詳しい。氏郷は、この度のヴァリニャーノとの謁見の前年八月に、秀吉のもとで小田原征伐と奥州仕置に加わり、奥州会津に転封されたばかりであった。右近や前田利家とも親しく、右近とともに黒田孝高を回心させたことも知られている。後に名護屋在陣中に長崎に赴きヴァリニャーノを二度訪問してもいる。「…二度も巡察師および他の司祭たちに会いに来た。（そして）種々多くの贈物を携え、その都度二時間以上も和やかに談話した。」（上掲『日本史12 西九州篇Ⅳ』一五九頁）氏郷の死の間際に、右近が献身的に付添ったことも伝えられている。

35 上掲『十六・七世紀イエズス会日本報告集第I期第1巻』（二一四頁）

36 これに続く記述、すなわち「より身分の低い貴人たちも聴聞し、（彼らは）受洗した。このようにもし自由に説教を聞くことができるならば、大勢のキリシタンが生まれたことであろう。だがそれは非常な危険をもたらし得ることで、きわめて慎重に振舞う必要があった」（同上）も、同様の趣旨から理解することが出来る。身分の低い者の受洗は大勢に影響しないために歓迎されたが、大名級の人物の受洗は秀吉の対キリシタン政策に悪影響を及ぼすと推察され、「きわめて慎重」な対応が求められた。

37　上掲『十六・七世紀イエズス会日本報告集第I期第2巻』（二四一頁）

38　養方パウロは医師で日本語力に優れ、イエズス会に仕えたキリシタンである。養方パウロについては上掲『吉利支丹文献考』の「五 養方パウロの著作」（一二三-一五七頁）に詳しい。

39　フロイスは彼をイエズス会士に信頼された有能な修道士としてたびたび紹介している。たとえば「彼は巡察師（ヴァリニャーノ）によって、（巡察師がインドへの）出発に先立ちわざわざ豊後から呼び寄せられた人で、優れた説教家であり、言葉は格調高く、弁舌はさわやかで、（その上）教えを説く際に、日本の（仏教の）諸宗派のことに精通していたので（異教徒と）良く対決するを得た。（日本の諸宗に通じていることは、）仏僧その他異教徒の誤謬や偏見を論拠をもって打破するためには説教家として何よりも必要な条件だった。」（松田毅一・川崎桃太訳 フロイス『日本史1 豊臣秀吉篇I』中央公論社 昭和五十二年 九八-九九頁）なお、ヴィセンテ修道士の経歴について、同書第一章の注（16）（一一三頁）を参照。

40　例として、高山右近がフランシスコ・ペレス司祭とヴィセンテ修道士を越中の国に迎え、布教に当たったことが記されている（上掲『日本史12 西九州篇Ⅳ』二五三-二五四頁）

41　ヴァリニャーノ一行の旅路の記録で、ヴィセンテ修道士の名が出てくるのは、次の場面である。まず肥前国の佐賀を通ったとき、鍋島直茂の息子に迎えられ、この息子と代官と重臣たちに説教を乞われ、ヴィセンテ修道士が二度説教した（上掲『日本史2 豊臣秀吉篇II』五五頁）。その後、毛利壱岐守の小倉城で重臣たちに説教をした（同上 五九-六〇頁）。ヴァリニャーノ一行が室で二ヵ月滞在中、黒田官兵衛の息子である黒田甲斐守長政が、かねてからの疑問をヴィセンテ修道士に語り、解決している（同上 七一-七三頁）。また一行が室に滞在中、使節団の上洛手続きのためオルガンティーノがヴィセンテ修道士を伴い都入りしている（同上 七六-七七頁）。

42　使節団のメンバーは『日本史』の記述によると、「司祭たちを除いて総勢二十六名、すなわち四名の（遣欧使節の）公子、十三名のポルトガル人、公子に従う小姓の衣服をつけた七名の若者、これらの人々の通訳を務める一修道士と巡察師の通訳に当る他の修道士たちであった。」（上掲『日本史2 豊臣秀吉篇II』五五頁）同書の注(3)(4)(5)（一〇九-一一〇頁）によると、司祭はヴァリニャーノ、メスキータ、アントニオ・ローペスで、修道士はアンブロジオ・フェルナデスとジョアン・ロドリゲスである。

43　同上

44　上掲『吉利支丹文献考』（三三四頁）

45　上掲『十六・七世紀イエズス会日本報告集第I期第2巻』（四頁）

46　同上 七六頁

47　同上 二一〇頁

48　同上二一五頁

49　上掲『日本史2 豊臣秀吉篇Ⅱ』（一六七頁）なお、続く記述で右近は、政界引退の望みをもっていることを、巡察師への手紙で再度もらしている。「彼は名護屋から巡察師に宛てた書状の中で次のように伝えて来た。自分としては政庁の煩わしさの中で生きるよりは静かに隠退し、ひとり安らかに（余）生を過ごしたいけれども、妻子ならびに両親のことを思えば自分の考えを貫くわけにはいかない。今は過ぎ去った苦悩と危険から解放されたことを非常に喜び、かく計らい給うた我らの主の御憐れみに対してかぎりなく感謝している、と。」（同書一六八頁）なお、秀吉との和解に関する同様の記述は、一五九二年の年報（上掲『十六・七世紀イエズス会日本報告集第Ⅰ期第1巻』二八七 - 二八八頁）にも見られる。

50　「この頃、（高山）ジュスト右近殿は名護屋にいた間、（日本人）が湯に入れて飲む草の粉末である茶の湯に専念していた。彼は名護屋の重立った武将たちを（茶席に）招待したが、八カ国の領主である（徳川）家康もその中にいた。政庁にいるこれらの武将たちは、彼から招かれることを大いなる好意と受け取っていた。彼は時には（老）関白の許へ伺候することがあったが、（老関白は）つねに上機嫌で（彼に接した）。」上掲『日本史2 豊臣秀吉篇Ⅱ』（三一七頁）

51　上掲『太閤秀吉と名護屋城』（二二九 - 二三七頁）によると、秀吉は大坂城で組み立て式の黄金の茶室を所有しており、天正二十年（一五九二）年の名護屋入りの際、これを運ばせており、五月二十八日に早速茶会を開いている。また本拠地である名護屋城とは別に静寂な屋敷「山里丸」を整備し、そこに茶室を設け、同年十一月十七日に茶会を催している。また秀吉は名護屋に能役者らを召し、山里丸で秀吉自身も能を練習したとされる。フロイスも秀吉が能を演じたことを伝えている。「ある時、（老）関白は寺沢（志摩守）の屋敷で劇（能楽）を催し、彼自身それに出演したが、その催しに参列するように招かれた幾人かの中にジェスト（右近）も加わっていた。」上掲『日本史2 豊臣秀吉篇Ⅱ』（三一七頁）

52　同上八八 - 九二頁を参照。同書によると「名護屋城を中心として半径三キロメートルの範囲内に、百二十カ所をこえる陣跡が確認されて」おり、その陣屋の配置は秀吉の奉行によって指定されていた。狭い陣屋には家臣らが国許ではめったに対面できない大名とともに生活していたという。

53　上掲『高山右近 キリシタン大名への新視点』所収の神津朝夫「文化から見た高山右近」に、宗湛が「文禄元年十二月二十六日昼」と「文禄二年七月二日朝」に高山右近の茶会に招かれた次第を記録した『宗湛日記』『宗湛茶会日記』の内容が記されている（二六一 - 二六二頁）。

54　文禄元（一五九二）年十二月晦日の南部信直の書状（上掲『新編弘前市史 資料編2近世編1』三一頁）

55　文禄二（一五九三）年五月二十七日の南部信直の書状に「津かる右京、筑前殿へ参候て、はしめぬいつこくニ物を申候て、奥村主計殿ニこめられ、はちを取候、其後ハ弾正殿・筑前殿へも不参候、大事之つきあい二候間、きつかい計二候」と記されている（上掲『新編弘前市史 資料編2近世編1』三四頁）。なお、上掲『新編弘前市史 通史編2（近世1）』（六一‐六四頁）の解説も参照。

56 上掲『新編弘前市史 通史編2（近世1）』（六五頁）同書では、「名護屋の大名陣屋配置図」を解説し、為信の陣屋が名護屋城のすぐ隣に位置していることについて「秀吉は、日本の支配を完了し、すべての大名を動員させることができる公儀としての力を誇示し、天正十三年九月の「唐国まで」の構想をいよいよ具体化するという意志を表明しようとするために、名護屋に参陣した奥羽大名勢の中でも、最果ての大名である為信を、統一政権のシンボル的に自らの近くに置いたのではないだろうか。さらに、一方では、不安定で内部崩壊しかねない軍勢を、天下人の軍勢として結束させる視覚的な役割も期待されたのかもしれない」（六七頁）と推測している。

57 上掲『日本史5 五畿内篇Ⅲ』三一四‐三一五頁

58 同上三一五頁

59 同上三一五‐三一七頁

60 同上三一七‐三一八頁

61 同上三二四‐三二五頁 このようなポルトガル衣装やキリスト教徒の持ち物の流行が都でも見られたことを、オルガンティーノ神父の書簡が次のように伝えている。「このようにして名護屋においてと同じくこの都においても、彼らは十字架や聖遺物を首に吊して往来している。貴人たちのみならず、重立った人々までが（日本）国王（関白殿）自身のもとや、甥の新関白（秀次）のもとへ、このような姿をして行く。また彼らの多くが、ポルトガル人の服装を（真似）している。そのため彼らが幾人か連れ立って政庁に姿を現すと、日本人なのかポルトガル人なのか容易に区別がつかぬほどである。」上掲『十六・七世紀イエズス会日本報告集第Ⅰ期第2巻』所収の「一九九四年九月二十九日付、都発信、ニエッキ・ソルド・オルガンティーノ師のイエズス会総長宛書簡」（六頁）

62 財団法人京都市埋蔵文化財研究所『京都市埋蔵文化財研究所発掘調査報告二〇一二‐十七 伏見城跡』二〇一三年（三‐五頁）に築城の経緯がまとめられている。

63 「伏見城城下町は丘陵西麓を中心に町割が行われ、堀と土塁からなる惣構えで囲まれていた。惣構えは文禄三（一五九四）年秋には完成していたとされる。あわせて伏見港の整備や宇治川・巨椋池の改修も行われた。城下町には武家屋敷が多数造営され、有力大名の屋敷は城郭周辺に集められた。町人の居住区は京町通、両替町通を中心に配置され、その西側には寺社が配置された。伏見城と城下町に関しては、近世に入って多くの絵画史料（絵図）が描かれている。」（同上五頁）

64 フロイスも伏見城築城と城下町の武家屋敷について触れている。「（老関白）は都の町から二里距たったところ（伏見）に、きわめて豪華な建物を造営すべく一つの地所を選定した。そこで目下建築が進行中であるが、彼はすべての重立った武将たちに、同所に（各人が）屋敷を建てることを命じた。これは彼らに謀叛を企てる時間を持たせぬようにするために、それらの仕事に従事させることを望んだのである。」上掲『日本史2 豊臣秀吉篇Ⅱ』（三〇七頁）

65 長谷川成一「伏見桃山城下の津軽家屋敷」新編弘前市史編集委員会編『市史ひろさき』第一号 弘前市市長公室企画課（三-六頁）

66 「伏見桃山御殿太閤摂政関白太政大臣一位豊臣朝臣秀吉公御城並大小名御屋舗之図」福岡市博物館蔵

67 上掲「伏見桃山城下の津軽家屋敷」では、為信の二カ所の屋敷（「伏見城の東側の端」（A図）、「南西の端」（B図））の位置と絵図の拡大図が紹介されている。上掲『新編弘前市史 通史編2（近世1）』（一〇九-一一二頁）では、この「津軽右京亮の屋敷」の他、「津軽越中守の屋敷」、つまり信牧の屋敷の位置と拡大図が掲載されている。

68 「右近の幼名は彦五郎。長じて友祥、長房と称し、通称右近。また南坊、等伯と号した。」上掲 海老沢有道『高山右近』（三頁）

69 上掲「伏見桃山城下の津軽家屋敷」（六頁）は、「伏見城の東側の端」の為信の屋敷近辺が「ほぼ同様の領地高の大名衆」である点、「南西の端」（つまり為信と右近の屋敷の近辺）が「国家の辺鄙に位置する大名」である点を指摘している。

70 「（高山）ジュスト右近殿は、この（蒲生）レオンとは、不断に往き来していた。なぜならすでに長い間、彼らは互いに非常に緊密に結ばれていたからであるが、それは彼（右近殿）は（蒲生レオン）がキリシタンになるようにした人だからであった。そして現在（高山）ジュスト（右近殿）は、彼（蒲生レオン）がキリシタンの洗礼を授かった時に活動したように、それと同じ最初の状態に彼を戻そうと努力している。…中略…（高山）ジュスト右近殿が喜色満面で小躍りしながら馳せつけて来てこう伝えた。（蒲生）飛騨（守）殿は信仰のことで、新たに死から生命へ甦った人間のようであると。」（上掲『十六・七世紀イエズス会日本報告集第Ⅰ期第2巻』四一-四二頁）

71 上掲『高山右近 キリシタン大名への新視点』（七九頁）によると、「豊太閤前田邸御成記」（内題）「加賀之中納言へ御成之事」に同席した家臣二十二名の献上品が列記され、その上から六番目に高山右近の名がある。

72 上掲H・チースリク『高山右近史話』（二八七頁）

73 「…ダリオの病気は長引きするばかりであった。またその国は雪が多く寒気（が厳しい）ために、彼の身体によくなかったので、（ダリオ自身）にも、右近殿にも、（ダリオが）健康上、都に行って養生するほうがよいと思われた。都には名医がいる上に、土地の気候はもっと穏やかであり、とりわけそこには司祭たちがいるので、病気が重くなった時には最期を見てもらえるからであった。こうして（ダリオ）は、その同じ司祭といっしょに都に赴いた。すでに高齢であり衰弱しているので、その健康が案ぜられるものの、今は（都）でやや小康を保っている。」（上掲『日本史12 西九州篇Ⅳ』二五四頁）

74 上掲H・チースリク『高山右近史話』（二八七-二八八頁）

にある一五九五年九月三十日付のフロイスの書簡を参照。

75　「一五九五年の後半、右近はやはり京都にいたらしい。とにかく、同年十二月三日（文禄四年十一月三日）、前田邸で開かれた豪華な茶会に高山南坊も参加していた。」上掲H・チースリク『高山右近史話』（二七一頁）

76　伏見築城をめぐる奥羽大名に課せられた普請や杉板の賦課については、上掲『新編弘前市史 通史編2（近世1）』（八〇－九二頁）に詳しい。

77　ちなみに上記の絵図によると、「伏見城の東側の端」に位置する為信の屋敷の正面向かいには、「京極若狭守」の屋敷がある。京極若狭守とは、キリシタンの京極高吉と京極マリアの長男で、やはりキリシタンとなった京極高次である。高次は、本能寺の変で明智光秀側についたが赦免され、天正十八（一五九〇）年に小田原で軍功を上げ近江八幡山城主となり、ついで文禄四（一五九五）年に近江大津城主、関ヶ原の戦いの後に若狭の小浜城主となった。彼が受洗したのは慶長六（一六〇一）年とされる。上掲 結城了悟『キリシタンになった大名』（一九二－一九八頁）また高次の弟、京極高知は秀吉に仕え文禄二（一五九三）年に信濃の飯田城主となった大名であり、高次より早く慶長元（一五九六）年に受洗し、この年のフロイスの報告では精力的に知人をキリスト教へ誘っており（上掲『十六・七世紀イエズス会日本報告集第I期第2巻』二二六－二二八頁）、兄高次が近く受洗することも示唆されている。「五畿内でもっともすぐれたものの中に入り、都から三、四里隔たった大津という城の武将である彼の兄（京極高次）は、近いうちに自分の意向によってキリシタンになるであろうと我らは大いに希望を寄せている。」（同書二二八頁）

# 第二部　明治期における青森のキリスト者たち

# 第五章　幕末から明治初期における キリスト教宣教の概観

## 第一節 ◉ 第二の出会いの背景

青森とキリスト教の第二の出会いは、明治時代である。

第一と第二の出会いの間には、二世紀余りの時間が横たわっている。この間、江戸幕府はキリスト教を厳しく取り締まり、迫害した。キリシタンの類族までが危険視され、宗旨は管理され、毎年「宗門改め」を行うことによる寺請制度が確立した。この二世紀余りの期間は、キリスト教の日本布教にとって「断絶」であり、長崎における「信徒発見」の出来事のような奇跡的な「連続性」も見出されるが、基本的にはまったく新しい状況下での出会いと言わねばならない。

第一の出会いの舞台は、津軽であった。そこには、津軽氏のキリスト教接近や、禁教令によって津軽藩領地に流された人々の受難が見られた。第二の出会いの舞台は、幕藩体制の崩壊を経て、廃藩置県によって成立した現在の「青森県」である。

まず、青森県の成立について、一瞥しておこう。一八六七（慶応三）年に王政復古が成り、薩摩藩と長州藩を中心に新政府が樹立されるが、翌年には旧幕府勢力や東北諸藩との間に、戊辰戦争がはじまる。一八六八（明治元）年、旧幕府側につく会津藩や庄内藩の赦免を嘆願することを目的に、仙台藩や米沢藩の働きかけで、東北諸藩は奥羽列藩同盟を結んだ。同盟には、弘前藩（津軽藩）、盛岡藩（南部藩）、八戸藩も加わったが、やがて弘前藩は離脱した。弘前藩は新政府軍の命に従い、野辺地の守りを固めていた盛岡藩、八戸藩と戦火を交えた。これは野辺地戦争と呼ばれる。弘前藩は、戊辰戦争最後の戦いとなった箱館戦争でも新政府側に立った。

一八六九（明治二）年に戊辰戦争は終結し、新政府による版籍奉還、廃藩置県が断行された。このとき、めまぐるしい行政区画の変遷が見られた。青森県域には、弘前藩、黒石藩、七戸藩、八戸藩があり、加えて会津藩の転封により設置された斗南藩があった。これら諸藩は、一八七一（明治四）年七月の廃藩置県で、それぞれ弘前県、黒石県、七戸県、八戸県、斗南県となり、九月五日にはこれら五県と北海道の渡島地方の舘県（旧舘藩）とが統合され、弘前県となった。さらに二十日と経たない九月二十三日に、青森県と改称され、津軽郡青森町（現青森市）に県庁がおかれた。翌一八七二（明治五）年に、旧舘藩領は北海道開拓使に移管され、現在の青森県の形ができあがった。

東北地方は幕末維新期に、佐幕派も新政府派も時代の波に翻弄された。青森県地域においても津軽と南部が戊辰戦争で敵対する立場となったが、度重なる軍役に物資と神経を使い果たして疲弊し、不遇を舐めたことでは共通する。

さて、幕末日本はアメリカをはじめ西洋諸国と修好通商条約を結び、各地に開港地を設けた。開港地にやってきた西洋人の間では、信教の自由は保障されていた。しかし、日本国内のキリスト教禁令政策は変わらなかった。やがて新政府が成立し、西洋型の近代化を推し進めたが、キリスト教の禁令はしばらく継続した。とはいえ、西洋文化に基づく近代化の波は、開港地である横浜や長崎や函館から、近隣地方にも広がり、幕末の不遇を引きずっていた東北地方にも波及した。それとともにキリスト教もまた伝播することになる。幕藩体制のもとで営まれてきたライフスタイルを喪失し、幕末維新期の不遇から体制への不満を抱えていた東北の士族階級の中には、キリスト教を日本の新しい時代を形成する精神的支柱として受容し、社会的な活動に向かう者が少なからず登場することになる。このように新政府が主導した近代化、欧化主義という大規模な変化の過程に、第二の出会いは見出される。

二つの出会いに挟まれた二世紀余りの間に、日本国内の状況だけでなく、宣教の主体であるキリスト教もまた大きく様変わりしている。キリシタンの時代、宣教師はイエズス会士を中心とするカトリックであった。他方、開国後の日本に来日したのは、カトリックだけではなく、ロシア正教や、宗教改革以降に西洋各地に成立した多様な教派に属するキリスト教宣教師であった。後述のように、青森とキリスト教における第二の出会いの最初期には、アメリカのメソジスト派やロシア正教の布教が先行し、カトリックの布教はやや遅れて行われ、布教の主体や受容の形態も一様ではなかった。

時代をとりまく状況の変化にもかかわらず、変わらない点もある。

まず、青森県地域が依然として「辺境の地」であったことが挙げられる。「辺境」とは、「中央」から遠く隔たった土地を意味するが、「地方」と同義ではなく、「地方」の中でも最果ての地、他国との境に位置する土地のことである。「辺境」は「中央」との比較において、歴史的意義や影響力、重要性が低いという評価も含み持っている。

ところで、時として「辺境の地」は、その「辺境性」のゆえに着目され、重要な意味を帯びる側面もある。たとえば、豊臣秀吉は一五九〇（天正十八）年に、日本統一を仕上げるために奥州仕置を行った際、日本の北の果てを「出羽、奥州、日ノ本之果迄」と表現した。秀吉にとって、日本の隅々、すなわち北の辺境である津軽藩までを支配下におくことが、日本統一の重要なポイントであった。一五九二（天正二十）年の文禄の役で、朝鮮半島を攻め入る際に、全国の大名を名護屋城下に招集した秀吉は、名護屋城のすぐ近くに津軽藩の陣屋を配置した。中央政権が、現実に「辺境の地」に至るまで支配権を行使していることを、全国の大名に対して視覚的にアピールすることが意図されていたと考えられている。

明治政府もまた、新日本の建設にあたり、画一的な制度や基準を「辺境の地」にまでもたらした。廃藩置県が断行され、旧藩主は華族として首都に移住させられ、地租が改正され、中央政府から派遣された知事が地方官吏を任命し、地方自治を担った。秀吉と同様、明治政府が最初に取り組まなければならなかった課題は、政府の意向と権限が日本の果てまで浸透する状況を作り上げることだった。一八七六（明治九）年に、八戸地域で五穀豊穣を祈る伝統ある祭事「えんぶり」が、風俗を乱す前近代的風習として禁止令が出されたことが知られている[1]。禁令を出したのは地域文化に無知な官吏であり、近代日本の画一的な基準の導入を辺境の地の人々に目に見える形で示そうとした、ひとつの象徴的な事例である。「辺境」をめぐる出来事は、時として、時代のあり様を顕著に映し出す鏡である。

キリスト教においても基本的に変わらない点がある。キリシタンの世紀も、明治期においても、宣教師たちが共通にめざしたのは、いまだキリストを知らない人々へ「福音」を宣べ伝えることであった。宣教は、イエス自身に派遣され、殉教を恐れず人々に教えを宣べ伝えた使徒（イエスの弟子たち）の行為をモデルとしている。

だから、あなたがたは行って、すべての民をわたしの弟子にしなさい。彼らに父と子と聖霊の名によって洗礼を授け、あなたがたに命じておいたことをすべて守るように教えなさい。わたしは世の終わりまで、いつもあなたがたとともにいる。[2]

この言葉に見られるように、キリスト教は本来的に宣教的な宗教である。明治期の宣教において、その手法や主たる受容層については教派により違いが見られたが、多くの宣教師の行動を支えていた原理は、変わらぬ厚い信仰心と布教への熱意であった。

さて、第二部では、以下の内容について扱う。

まず、幕末から明治初期のキリスト教宣教の概要を整理したい。一八五九（安政六）年に開港地が設けられると、ただちにキリスト教諸教派の宣教師たちが来日した。プロテスタント諸教派では、英米からの宣教師が最も多かった。カトリックはフランス人が中心で、ロシアからはハリストス正教会（ロシア正教）が上陸した。これらの宣教師たちの動向を概観する（本章）。

次に、明治期の青森県のキリスト教宣教について取り上げる。青森県では明治初期に、弘前を中心にメソジスト派の宣教が展開し、同じ頃に八戸と三戸で、ハリストス正教の宣教が始まった。明治初期の主たる受容層は、士族階級であった。彼らは幕末維新期に戊辰戦争で不遇を舐めた人々であり、新しい時代を切り開く力を、キリスト教信仰から得ようとした。彼らのなかからは、自由民権運動に参加し、青森県の政界で活躍する人材が多く現われた。弘前を中心に広がったメソジスト派の宣教を担った人々について（第六章）、そして八戸を中心とするハリストス正教会の宣教に関わった人々について（第七章）、人物像を中心に概観する。

最後に、青森県でのカトリックの宣教に携わったパリ外国宣教会の宣教師たちを取り上げる（第八章）。カトリックの布教が本格化したのはプロテスタントやハリストス正教会よりもやや遅く、函館や岩手から司祭が巡回し、県内に点在する少数者への宣教司牧が行われた。司祭が常駐して、小教区（伝道所等ではない正式な教会）が成立したのは明治の後期になってからである。幾人かの宣教師の、魅力的な人物像にせまってみたい。

## 第二節 ◉ カトリック、聖公会

一八五八（安政五）年、江戸幕府は、アメリカと修好通商条約を結び、同年にイギリス、オランダ、ロシア、フランスとも同様の修好通商条約を結んだ。この結果、一八五九（安政六）年に神奈川（横浜）、長崎、函館、一八六八（慶応三）年に兵庫（神戸）、大坂、一八六九（明治元）年には江戸と新潟の港が、条約国に開かれ、貿易が自由化された。

この五ヵ国との修好通商条約より前に、カトリックと聖公会は琉球王国に渡来し、日本布教の準備をしていた。カトリックでは、教皇庁から日本布教を委任されたフランスのパリ外国宣教会のフォルカード神父が、一八四四（天保十五）年に琉球王国に渡り、日本語を学んでいる。聖公会でも一八四六（弘化三）年に、イギリスの教会宣教協会（Church Missionary Society 以下、ＣＭＳ）の宣教医師ベッテルハイムが琉球に入った。琉球は当時、薩摩藩に従属しており、キリスト教は禁教だったため、布教はままならなかった。

修好通商条約の締結により開港地が設けられると、これらの港には、外国人居留地が設けられた。開港地には外国商人らが次々に訪れ、軍隊も駐留した。居留地の外国人の信教の自由は条約で認められていたため、外国人の司牧を担当するキリスト教の聖職者たちも各国から来日した。ただし彼らにとって、本来の目的は、やがて解禁が見込まれた日本人への布教であった。

この間、一八六八（慶応三）年に維新政府が成立し、幕藩体制は崩壊した。新政府は、新しい国づくりのためにお雇い外国人を頼り、西洋文明の導入に積極的であった。しかし新政府は、江戸時代からのキリスト教の禁教政策を踏襲した。そのため居留地にやってきたキリスト教聖職者たちは、日本人への布教の機会を、少なくとも表向きには、しばらく待たねばならなかった。

カトリック教会の近代における宣教の特徴は、教皇庁のもとに置かれた布教聖省による認定や発令によって組織的に行われていたことである。日本の宣教は、一八三一（天保二）年にパリ外国宣教会が委任された。パリ外国宣教会は朝鮮の布教も委任されていた。

フォルカード神父が琉球に入り布教の準備を始めた三年後の一八四七（弘化四）年に、カトリック教会は日本を「教区」の前段階である「代牧区」とした。そして代牧区の長として、フォルカード神父が香港で司教に叙階された。しかし彼は、日本への宣教が実現できないまま体調を崩し、一八五一（嘉永四）年に帰国した。そこでパリ外国宣教会は、一八五五（安政二）年にジラール、フューレ、メルメ・デ・カション、ムニクウの四神父を琉球に派遣した。

一八五八年（安政五）年、修好通商条約の締結によってようやく開港地が設けられ、その居留地に次々と諸教派の聖職者が上陸する。カトリックでは同年に、ジラール神父が新司教となって江戸入りした。そして、一八六二（文久二）年に横浜の居留地に教会堂を竣工し、翌年完成させた。

またフューレ神父は長崎に入り、大浦で教会堂建設に着手し、一八六五（慶応元）年に後任のロケーニュ神父のもとで完成させた。この教会は、「信徒発見」の出来事の舞台となる「日本二十六聖殉教者聖堂」である。同年三月、浦上から来た人々が聖堂で祈るプチジャン神父のそばに跪き、「ここにいる私たち一同はあなたさまと同じ心の者です」と素性を明かした[3]。潜伏キリシタンの存在が明らかになったが、禁教令下にあったため、プチジャン神父らは浦上に秘密教会を設け、彼らの司牧にあたった。

一八六七（慶応三）年、潜伏キリシタンの存在は表ざたとなり、長崎奉行が信徒六十七人を逮捕した。これは「浦上四番崩れ」と呼ばれる事件で、フランス公使が幕府に取り次いだため彼らは釈放されたが、同年新政府が成立すると、禁教政策は引き継がれ、翌一八六八（慶応四、明治元）年に長崎裁判所は棄教を拒否した潜伏キリシタン三千数百人を流刑にした。

修好通商条約の満期を迎える一八七二（明治五）年に合わせ、日本にとって不平等な条約の改正を目的に欧米を訪れた岩倉具視使節団は、諸外国からキリスト教禁令と信徒の迫害を激しく抗議された。そこで、一八七三（明治六）年二月にキリシタン禁制の高札は撤去され[4]、同年六月までに、段階的に流刑者の帰郷が命じられた。

しかし、高札の撤去によりキリスト教の布教が正式に認可されたわけではなく、宣教師の働きは制限されていた。一八六八年より日本代牧区の司教となったプチジャン司教は、当時の様子を次のように報告している。


キリスト教の禁令が廃止されたこと、また信仰のゆえに捕えられていた人々が釈放されたことは事実である。しかし、この二つの事実が一般民衆に及ぼすはずであったよい効果は、世論と諸外国の要請を満足させるために、特になされた宣言のために減少させられてしまった。日本の教部省は、キリスト教に対して敵意ある態度をとり、この国において、キリスト教に敵対する何世紀にもわたる偏見を保ち、増大されるためのあらゆる手段を用い、このようにして福音の伝播を阻止しようとした。[5]

長崎にもどった流刑者たちは貧困に加え、赤痢の流行にも見舞われた。このような時期に、ド・ロ神父らは長崎と五島各地をまわり、孤児の養育、保育事業、貧困農民の指導などを積極的に展開している。また、一八七二（明治五）年、プチジャン司教の要請でサン・モール修道会のメール・マティルドと四人の修道女が横浜居留地に上陸した。これは最初の外国人修道女の来日で、彼女らは、孤児や棄児の養育のための施設をつくり、貧しい家庭のための女子教育を精力的に行った。[6]

一八七六（明治九）年に日本代牧区は、南緯代牧区と北緯代牧区に分かれ、北緯代牧区にはオズーフ神父が司教に任ぜられた。一八七八（明治十一）年、オズーフ司教の要請で、函館にシャルトル聖パウロ修道女会が派遣され、やはり孤児の養育事業を始めている。

明治期におけるカトリックの特徴としては、宣教の主体がフランス系の宣教師、修道者たちであったこと、そして貧者や病者、孤児に対する慈善事業に熱心であったことが挙げられる。他方で、新しい日本の指導層に対する近代的学問の教育を通した社会的な影響力という面では、明治初期のプロテスタント諸派に後れをとっていた。[7]

上述のように、カトリックと同様、聖公会でも、修交通商条約締結以前の一八四六（弘化三）年に、イギリスのＣＭＳの宣教医師ベッテルハイムが琉球に入り、宣教の機会をうかがっていた。本格的な布教が行われたのは、やはり修好通商条約以降で、一八五九（安政六）年にアメリカの聖公会内外伝道協会から、J・リギンズとC・M・ウィリアムズが相次いで来日し、長崎で活動した。ウィリアムズが教えた英語学校では、大隈重信らが学んでいる。

アメリカで一八六〇年から南北戦争が始まったことから、聖公会の日本布教はイギリスのCMSの援助を得ることになり、一八六八（明治元）年からG・エンソウらの宣教師が来日する。日本主教となったウィリアムズは、キリスト教禁制の高札が撤去された一八七三（明治六）年に東京に主教座を置き、のちの立教学院となる私塾を立ち上げた。

その年、海外福音伝道協会（Society for the Propagation of the Gospel in Foreign Parts 以下、SPG）からA・C・ショーとW・B・ライトが来日し、築地を拠点に活動をはじめる。ショーは、福沢諭吉の子どもたちの家庭教師を務めた。後に、同じSPGの宣教師であるロイドは、慶応義塾や立教学院等で英語の教鞭をとっている。

立教学院は明治十三年ごろから、すでに大学への移行を検討していることからも知られるように、英米系の宣教師による英語教育は、当時日本の指導層から重んじられていた。日本の聖公会布教は、初期の琉球を除き、アメリカの聖公会によって着手され、イギリスからCMSとSPGの二宣教団体の宣教師たちが加わった。独立した「日本聖公会」が創設されたのは、一八八七年（明治二〇）年である。

その翌年からは、カナダ聖公会伝道協会からJ・B・ロビンソンが派遣された。こうして日本における聖公会の布教は、アメリカ系の宣教団から始まり、イギリスの二つの宣教団とカナダの宣教団が加わって展開された。教育事業にも熱心であり、現在の立教学院、立教女学院、平安女学院、桃山学院などが聖公会の流れを汲んでいる[8]。

## 第三節 ◉ 長老派、改革派

明治初期に来日したプロテスタントの宣教師のうち、アメリカ人は非常に多い。修好通商条約締結後の一八五九（安政六）年に、アメリカ長老派教会のJ・C・ヘボン、アメリカ・オランダ改革派教会のS・R・ブラウンとD・B・シモンズが、神奈川に上陸している。また、アメリカ・オランダ改革派教会のG・H・F・フルベッキは、長崎に上陸した。これら幕末に来日した宣教師たちの明治初期における主要な動向は、次のとおりである。

フルベッキは、新政府の依頼により、一八六九（明治二）年に開成学校、一八七二（明治五）年には第一大学区第一番中学でお雇い教師となり、政府にも勤務した。新政府による近代化政策を支え、政権内にプロテスタント・キリスト教に対する認知度を高めることに大きく貢献した。

ヘボンは横浜にヘボン塾を開き、のちに政界で活躍する元士族階級の若者が多く学びに来た。ヘボン塾の教育事業が基盤となり、改革派の婦人宣教師M・E・キダーが女子の教育を担い、のちのフェリス女学院の創立に繋がった。また、ヘボン塾は改革派の宣教師J・H・バラに受け継がれ、のちの明治学院となった。

ヘボンは日本研究にも熱心で、七年かけて作成した和英辞書『和英語林集成』の初版は、一八六六年（慶応二）年に発行された。見出し語に外国人が日本語を発音する便宜をはかったヘボン式ローマ字が用いられている。ヘボンは医師として医療活動にも貢献し、日本語聖書の翻訳事業にも当初から取り組み、日本キリスト教界に遺した功績は多大である。

ブラウンも禁教下にあった神奈川、横浜で日本語の修得に専念し、ヘボンとともに聖書の翻訳に従事した。一八七〇（明治三）年、日本政府の依頼で、横浜の修文館で英語教育に携わり、のちの東北学院や宮城学院を創立する押川方義や、牧師、神学者として活躍する植村正久らがそこで学んでいる。

一八七三（明治六）年、ブラウンは横浜に私塾「ブラウン塾」を開き、そこに「バラ塾」の塾生らが合流した。塾生には、上記の押川、植村の他、後述する津軽の本多庸一らがおり、いずれも日本のプロテスタントの指導者となる人材であった。

同年、キリシタン禁制の高札が撤去され、ブラウンは横浜に来たアメリカ・バプテスト派の宣教師らとともに、横浜第一浸礼教会を設立した。またブラウンは、ヘボン、バラ、長老派の宣教師タムソン、アメリカ外国伝道委員会（アメリカン・ボード）のグリーンの他、メソジスト教会、バプテスト教会、聖公会の宣教師とともに、一八七九（明治十二）年まで、超教派による聖書翻訳の事業において中心的役割を担った。

バラは一八六一（文久元）年に禁教下の神奈川へ上陸し、ブラウンやタムソンとともに活動し、聖書の翻訳にも携わった。一八六五（慶応元）年、横浜で聖書翻訳を手伝っていた矢野隆山が病床に陥った時、ヘボンの立ち会いのもと、バラが洗礼を授けた。これが日本人最初のプロテスタント信者の誕生となった。バラもやはり、英語教育を通して元士族の青年層に影響を与えている。一八六四（元治元）年に神奈川奉行所が設置した横浜英学館で、ブラウンやタムソンとともに英語教師として招かれている。また、一八七一（明治四）年に高島嘉右衛門が設立した藍謝堂（高島学校）でも、英語教師として勤めている。

英語教育を契機に布教にも熱意を注ぎ、自宅の隣に小会堂を立て、日曜には日本人青年にむけた集会を開き、禁制下にありながら、彼らの中から複数の受洗者が次々にあらわれた。集会に参加する青年らのために開かれた英学塾「バラ塾」には、上述の押川、植村、本多らが学び、一八七二（明治五）年三月には、改革派と長老派の流れを汲む「日本基督公会」が創立され、バラが仮牧師となった。後述するように、公会のメンバーだった本多庸一は、のちに弘前で弘前日本基督教会を設立している。

改革派や長老派などのアメリカから来日したプロテスタントの宣教師は、キリスト教解禁より早い時期に、政治や教育を通して近代日本の建設に意欲的に携わろうとした旧士族の知的欲求に応えた。幕末から維新の混乱期を目の当たりにした青年たちにとって、キリスト教信仰は新しい精神的支柱となった。政権の主要人物との接触や公的な学校における活躍により、当初から社会的な影響力が高かったことが、これらアメリカからのプロテスタント宣教師の活動の特徴である[9]。

## 第四節 ◉ ハリストス正教会

一八五八（安政五）年の五ヵ国との修好通商条約が締結された翌年、函館が貿易港として開かれた。ロシアは早くも開港の前年に、領事館を設けるためにゴシケーヴィチ領事一行が来日した。ロシアでは各国の領事館に司祭が同行することが定められており、函館のロシア領事館付司祭という形で、最初のハリストス正教会司祭イワン・ワシリエヴィチ・マァホフが、翌年にはワシリイ・エメリヤノヴィチが来日した。領事館と聖堂は、函館元町に現在あるハリストス正教会の土地に建てられた。

ロシア領事ゴシケーヴィチは司祭の息子で、日本人への宣教に理解があり、領事館付司祭の派遣に際し、学識が高く日本人にも外国人にもよい印象を与える人物を要請した。この要請により一八六一（文久元）年に派遣された人物が、ニコライ・カサートキン司祭である。

ニコライは当初から日本人への布教の志を抱き、日本語教師を雇い、日本研究に熱心に取り組んだ。ニコライに日本語を教えた者の一人に、アメリカに渡る直前の新島襄がおり、ともに『古事記』を読んだという。

開港後の函館には、各国の商人や領事関係者が来訪し、東北地方を含む日本北方地域における西洋文明の中心地となった。東北諸藩は幕末に蝦夷地警備を命じられていたため、東北と函館は精神的にも近い距離にあり、東北各地から西洋文化や医療技術を学ぶものが現れた。その中には、戊辰戦争で幕府側について敗北を舐めたものの攘夷をあきらめず再起を画策していた東北の士族階級の青年層もいた。

ニコライが最初に洗礼を授けた日本人は、澤邉琢磨である。土佐藩出身の澤邉は、函館に流れ着いて道場を開き、神明社に婿入りして宮司となった人物である。攘夷思想の持ち主だった澤邉は、キリスト教を論駁しようとニコライを訪ねたが、逆に感化を受け、教えを受けるようになった。やがて仲間の酒井篤礼、浦野大蔵とともに洗礼を望んだ。一八六八（明治元）年にニコライは司祭館で密かに洗礼を授けた。澤邉はのちに、ハリストス正教会の最初の日本人司祭となった。

翌一八六九（明治二）年、ニコライは、日本伝道会社を設立して本格的な日本宣教を実行に移す準備のために、一時帰国する。この間に澤邉らは教義を研究しつつ、布教の準備を行った。澤邉は、旧幕府軍の再興をもくろんで函館に集まっていた元仙台藩士たちに、新しい国づくりは宗教の改革にあり、それはハリストス正教しかないことを説いた。この元仙台藩士らの中から、ニコライ再来日後の一八七一（明治四）年に受洗するものが現れた。そして、彼らの活動が仙台でのハリストス正教会の基盤を形成することになった。しかし禁教下の彼らの行動は、官憲から監視され、逮捕、投獄等の弾圧を受けた。

幕末から明治初期のハリストス正教会の特徴は、プロテスタント諸派やカトリックが長崎や横浜から宣教を開始したのに対し、函館から仙台、さらに東京へと南下していったことが挙げられる。また、当初の受洗者は、旧幕府側についた不遇の士族階級の青年たちであった。彼らの中から司祭や伝教者が生まれ、布教の担い手となった。ハリストス正教会では、他のキリスト教諸派と異なり、外国人宣教師の数は圧倒的に少ない。ニコライというカリスマ的な存在のもとで、日本人司祭、伝教者たちの組織的で活発な伝道活動が行われたことも、ハリストス正教会の布教活動の特徴である[10]。

## ▼Endnotes

1　八戸市史編纂委員会編『新編八戸市史近現代資料編Ⅰ』八戸市二〇〇七年（七七‐七八頁）

2　『新約聖書』「マタイによる福音書」二八章十九‐二十節

3　フランシスク・マルナス／久野桂一郎訳『日本キリスト教復活史』みすず書房 一九八五年（二四三頁）

4　一八七三（明治六）年二月に廃止されたのは「高札の撤去」（太政官布告第六十八号）であり、「高札」という国民への掲示・周知方法の停止であった。したがって、キリシタン禁制そのものが廃止されたのではなかった。「禁教政策の消滅は、最終的には、明治一七年（一八八四）の内務卿口達による自葬禁止の解除まで俟たなければならなかった。この高札撤去は、一般法制史研究の成果によれば、高札撤去布告の文言通り、「一般熟知」ゆえの撤去であり、高札の制度を廃止して、文書掲示の方法（法令公布方式）に転換したものであり…（中略）…決して「切支丹高札」撤去が目的ではなかった」（高橋昌郎『明治のキリスト教』吉川弘文館 二〇〇三年 一一頁）

5　松村菅和・女子カルメル修道会訳『パリ外国宣教会年次報告Ⅰ（1846～1893）』一九九六年 聖母の騎士社 三六頁（1874年日本においての宣教）

6　サン・モール修道会の活動については、小河織衣『メール・マティルド―日本宣教とその生涯』有隣堂平成二年 に詳しい。

7　カトリックについては高橋昌郎上掲書の他、キリスト教史学会編『宣教師と日本人――明治キリスト教史における受容と変容』教文館 二〇一二年（六七‐一〇〇頁）、青山玄「幕末明治のカトリック布教の性格」『カトリック研究』第三十五号 上智大学神学会 昭和五十四年（五七‐七二頁）等を参照した。

8　聖公会については、高橋昌郎上掲書の他、上掲『宣教師と日本人――明治キリスト教史における受容と変容』（一〇一‐一三五頁）等を参照した。

9　プロテスタントについては、高橋昌郎上掲書の他、上掲『宣教師と日本人――明治キリスト教史における受容と変容』（一三七‐一七一頁）、横浜プロテスタント史研究会『横浜開港と宣教師たち――伝道とミッション・スクール』有隣堂 平成二十一年、第5回日本伝道会議プロテスタント宣教150年 プロジェクト編『日本開国とプロテスタント宣教150年』いのちのことば社 二〇〇九年等を参照した。

10　ハリストス正教会については、高橋昌郎上掲書の他、上掲『宣教師と日本人――明治キリスト教史における受容と変容』（三一‐六六頁）、『函館ハリストス正教会史 亜使徒日本の大主教聖ニコライ渡来150年記念』函館ハリストス正教会二〇一一年、牛丸康夫『日本正教史』宗教法人日本ハリストス正教会教団府主教庁監修発行 昭和五十三年等を参照した。

# 第六章　弘前におけるメソジスト派の宣教

## 第一節 ◉ 本多庸一、菊池九郎、ジョン・イング

明治期の青森県とキリスト教の出会いについて、まず弘前を中心に展開されたメソジスト派の宣教について見ることにしよう。

弘前藩に、士族階級の少年らの教育施設として藩校の稽古館が創られたのは一七九六（寛政八）年、九代藩主津軽寧親の時代である。稽古館は、当初は三〇〇人程度の定員ですべての士族の子弟を収容するには足りず、入学者は一五〇石以上の上級士族の子弟に限られていた。この頃、弘前藩は、幕府から蝦夷地警備を命じられ、その派兵のために財政難に苦しんでいた。加えて十九世紀中ごろ（嘉永年間）より、領内の沿岸にロシアやアメリカの捕鯨船や軍艦などが出没し、藩では海岸警備を強化し、洋式銃器や大砲を導入した。そうした軍事費が、一層藩の財政を圧迫した[1]。稽古館は財政難のあおりを受け、予算と規模が縮小されたため、その教育機関としての性格は一部の上級士族のエリート教育色を強めることになった。幕末の稽古館では時流に対応して、一八五八（安政五）年に医学館、翌年に蘭学堂を設けて、洋学を導入した[2]。

この頃の稽古館で学んだ弘前藩士に、本多庸一と菊池九郎がいる。彼らは、上級家臣の子弟だけが学ぶことができる藩校に入学した弘前藩のエリートであった。のちに二人はキリスト教徒となり、稽古館を基盤に東奥義塾を設立し、青森県の政治や文化に多大な影響を与えることになる。

一八五九（安政六）年に弘前藩最後の藩主となった第十二代津軽承昭は、西洋砲術や英学の導入を推奨し、新しい時代を見据えていた。しかし幕末の激しい政局の動きのなかで藩を存続させるために、政治的選択は揺れ動いていた。

戊辰戦争の際、旧幕府側についた会津藩、庄内藩を封じるため、新政府は東北諸藩に圧力をかけていた。一八六八（慶応四）年、会津と庄内の赦免を嘆願することを目的に仙台藩、米沢藩が働きかけ、奥羽の十四藩が白石城で会議を開き、奥羽列藩同盟を結び、新政府に嘆願書を提出した。しかし新政府は嘆願を拒否し、奥羽列藩同盟は、反新政府の軍事同盟となった。

弘前藩は、東北諸藩の動きと新政府軍の出方を見極めつつ、同盟に加盟した。藩内では新政府軍側につくことを主張する意見も強く、どのような立場に立つべきか藩内では議論が紛糾していた。結局、津軽氏とつながりが深い京都の近江家から勤皇側につくようにとの親書が届いたことが決定打となり、弘前藩は連盟を脱退し、新政府側についた。

藩論が揺れ動くなか、二十歳前後だった本多庸一と菊池九郎も、その渦中で翻弄されていた。同盟を脱退した藩の政策に憤った本多と菊池は、脱藩した。彼らは、同盟を早々に離脱した秋田藩と旧幕府側につく庄内藩との間で行われた戦争に参陣し、庄内藩側についた。

ようやく藩論を統一した弘前藩は、一八六八（明治元）年に野辺地戦争で南部藩と戦い、同年から翌年にかけて旧幕府軍による最後の戦争である箱館戦争で、新政府側に援軍を出した。

近代兵器の導入と度重なる派兵を要した戊辰戦争で、弘前藩の財政は完全に疲弊した。それにともない藩校も縮小を余儀なくされたが、上級士族のエリート教育には熱意が注がれた。藩は世界情勢に対応して、一八六九（明治二）年に稽古館の「蘭学堂」を改め、「英学寮」を開設した。「英学寮」では、慶応義塾出身の教師を雇い入れた。しかし一八七一（明治四）年の廃藩置県により、藩校は存続はできなくなり、廃校となった。

他方、脱藩した本多庸一と菊池九郎は、維新後に帰藩を許され、それぞれ藩の命令で学問を身につけていった。菊池は、一八六八（明治元）年に藩費による留学生として福沢諭吉の慶應義塾に入学し、その後鹿児島に遊学する。本多も一八七〇（明治三）年、横浜の修文館で英語を学んだ。

上述のように、修文館では、アメリカ・オランダ改革派の宣教師ブラウンが英語教師をしており、本多はキリスト教に感化されていく。本多は、J・バラが自宅に建てた小会堂で行われた集会に参加し、一八七二（明治五）年三月に改革派と長老派の流れを汲む「日本基督公会」の創立に立ち会っている[3]。一時帰郷し、今度は私費でバラ塾にもどり、バラの指導のもと同年五月にD・タムソンから洗礼を受けた。翌年に開校されたブラウンの私塾に、バラ塾の塾生とともに入学し、英語を学んだ。

一八七一（明治四）年、廃藩置県を経て津軽承昭は免官されるが、彼は廃校となった藩校の再興に財政的援助を行い、翌一八七二（明治五）年に菊池九郎らが中心となって「東奥義塾」を開校した[4]。義塾という名は、慶応義塾に倣ったものであり、福沢諭吉を頼り、慶応義塾出身の教師らが赴任している。

東奥義塾では、当初から英語を教授する外国人教師を招聘することを決め、一八七三（明治六）年に、最初の英語教師としてアメリカ・オランダ改革派のC・H・H・ウォルフが着任した。ウォルフは一年後に退任し、代わりにアメリカのメソジスト監督教会に属するA・C・マクレイが赴任した[5]。

一八七四（明治七）年十一月、横浜から帰郷した本多庸一が東奥義塾の塾頭となり、三人目の英語教師としてバラの推薦を受けたジョン・イングが赴任した。イングは、マクレイと同様、アメリカ・メソジスト監督教会の宣教師である。彼は英語の教授にとどまらず、広く文理諸学を教え、さらに当初から聖書を講じた。キリスト教への邪教観が根強い時期にあって、本多はイングとともに東奥義塾の学生に対するキリスト教の伝道を精力的に展開した[6]。

イングが赴任してから半年後にあたる一八七五（明治八）年六月、東奥義塾の上級学生十四人が彼から洗礼を受けた。この年の七月、さらに八人が受洗した。十月、本多は上述の横浜の日本基督公会に倣って「弘前日本基督教会」を設立した[7]。しかし横浜と同様、公会主義の構想は頓挫し、弘前の信徒らはイングが属するアメリカ・メソジスト監督教会の所属となり、一八七六（明治九）年十二月、弘前美以教会（メソジスト教会）が設立された[8]。

十二月二十日本多庸一氏議長に、佐藤次郎氏書紀となり、教派問題に就き、會議を開らけり。是れより先き會員中、或はメソヂスト、或は一致教會等種々の意見ありたるを以て、會議の上何づれかに決着せざるべからざるに至れり。されど我が教會友は宗派問題に對して、至つて淡泊なる意見を懐き居れり。会議の結果、會員中二名の異議者を除くの外、他十八名は皆メソヂスト教會に屬することゝなれり。是れ實に我がメソヂスト教會が當地に設立せられたる初めなり。[9]

## 第二節 ◉ 政治への参加

一八七七（明治十）年にイングから受洗した菊池九郎は、西南戦争に従軍するために塾生とともに上京した[10]。この年イングは、夫人の健康状態の悪化により三月に帰国した[11]。彼が弘前赴任中に洗礼を授けた人数は、東奥義塾の学生や教員を中心に三十五名であった。イングの後任には、メソジスト教会のW・C・デヴィットソンが赴任した。一八七八（明治十一）年には、本多とデヴィットソンから受洗した者を加え、信徒数の累積は四十八人となった[12]。デヴィットソンは一年ほどで函館に移っている。一八七九（明治十二）年、東奥義塾はR・F・カールと契約するが、経営難により一ヵ月余りで退任となった。これ以降、東奥義塾は外国人の教員を雇うことはできなかった。

信徒数が増加するにつれて、東奥義塾がキリスト教布教の拠点となっていることに対して内外から反発が起こった。そこで一八七七（明治十）年秋、伝道活動の拠点は学外に移され、元寺町の現在弘前教会がある土地に説教所が設けられた。さらに十一月には土手町に、十二月には元穢多町に講義所が開かれた。この頃には、東奥義塾だけでなく弘前の医学校や師範学校にも受洗者が生まれた[13]。受洗した学生たちについて、次のような記述がある。

當時學生信徒は、受洗せば必らず傳道せざるべからざりき。されば彼等は三々五々に連れだちて、定日弘前付近―中部、熊島、悪戸、濱町―は勿論、定日に黒石に出張せり[14]

東奥義塾を中心に受洗した学生たちは、弘前とその郊外の地域で布教を精力的に行う伝道集団であった。

さて、幕末の激動を経験した菊池や本多、そして津軽の士族出身の青年たちは、新しい日本の国づくりに強い志をもっていた。西南戦争の後、武力による反政府運動ではなく、国会の開設や憲法の制定などを求める民主的な改革運動である自由民権運動の機運が一気に高まるが、彼らがその主体となったのは、時期的に自然な流れであった。

東奥義塾の教師や学生らによって政治結社「共同会」が結成されたのは、一八七九（明治十二）年である[15]。共同会の会員は、毎週のように演説会を行い、民権思想の啓蒙に努めた。青森県内の自由民権運動は、後述のように八戸を中心とする南部地方にも見られたが、東奥義塾の関係者が人数の面でも活動内容の面でも、抜きんでていた。翌年、本多を中心に国会開設の建白書を起草し、これを元老院に提出した。

東奥義塾を基盤としたキリスト教の伝道と民権運動の進展の裏で、旧弘前藩の上級士族を主体とする地域の保守層からの反発が強まった。旧藩主が東奥義塾に対して財政支援をしていることも問題となり、一八八三（明治十六）年、一時金一万円の寄付を最後に津軽家からの補助はなくなった。これにより東奥義塾の経営難はさらに深刻となった。

保守勢力の巻き返しと東奥義塾の財政危機のため、キリスト教の伝道と民権運動の先頭に立っていた本多は、東奥義塾から手を引かざるをえなくなり、辞職した[16]。菊池九郎も私学としての存続をはかるため、学校内で学生や教員が政治活動を行うことを抑制するようになった。

当初、東奥義塾の学生を中心とする旧士族階級の知的エリートの間に広まったメソジストの伝道は、明治中期から元平民層にも浸透していく。とりわけ一八九一（明治二十四）年に設立された藤崎美以教会は、構成員が地主層や商人、農民から成り、外国からの援助を要さずに運営されたメソジスト教会最初の自給教会であった[17]。

一八八一（明治十四）年、御前会議で国会開設が決定した後、中央では自由党が結成され、板垣退助が総理となった。翌年、本多と菊池は青森県会議員となり、政界に進出する。本多は、県議会議員に選出されてから当選を重ね、一八八四（明治十七）年から県議会議長となり、議会での津軽派と南部派の間にあった敵対的関係の解消に努めた。

一八八六（明治十九）年七月、本多は妻みよ子を心臓麻痺により失くした[18]。この年を最後に、本多は政治家としての活動を止めた[19]。同年、仙台メソジスト教会の牧師に招かれ、その翌年には東京英和学校（現青山学院）神学科教授と青山教会牧師に就任し、校主となった。その後、アメリカの神学校で学び、帰国した一八九〇（明治二十三）年に青山学院長となった。一九〇七（明治四〇）年には日本メソジスト教会監督に就任する。政治家はやめたが、その政治的手腕によりキリスト教界で活躍した。一九一二（明治四十五）年に六十五才で亡くなった。墓は東京の多磨霊園にある。

菊池も県議会議員となり、同年東津軽郡長に任命され、翌年に再度県議会議員に当選する。一八八八（明治二十一）年、菊池は新聞「東奥日報」を創刊し、初代社長となった[20]。その翌年、弘前市長となるが、一八九〇（明治二十三）年の第一回衆議院選挙に際して市長を辞して立候補し、当選する。一八九七（明治三十）年には山形県知事に任命されている。菊池が存続のために奔走した東奥義塾は、経営難から一九〇一（明治三十四）年三月に弘前市に移管された。菊池はその後も政界で活躍し、一九〇四（明治三十七）年には衆議院全院委員長を務めた。一九〇八（明治四十一）年に政界を引退し、一九二六（大正十五）年に八十歳で亡くなった。津軽為信の霊廟のある弘前市の革秀寺に墓所がある。

アメリカに帰国したイングは、一八八一（明治十四）年に妻を失くし、宣教師を辞めた。本多は、渡米した一八八八（明治二十一）年にイングを訪ねている。イングは再婚して、一八九一（明治二十四）年からイリノイ州フランクリン郡で農業を営んだ。外交官になった東奥義塾出身者二名が、駐米大使としてイングを表敬訪問したという。晩年にイングは再び妻を失くし、一九二〇（大正九）年、七十九歳で亡くなった[21]。

▼Endnotes

1　上掲『新編弘前市史 通史編2（近世1）』一八五頁

2　稽古館の創立については、弘前市教育史編纂委員会編『弘前市教育史 上巻』弘前市教育委員会発行 昭和五十年（十一 - 十六頁）を参照。

3　「日本基督公会」はアメリカのオランダ改革派と長老派が中心となり、日本で教派を超えた教会の設立をめざしたが、もともと教派主義の濃いプロテスタントによる日本布教の過程でこの理想は決裂した。「改革派が諸教派協力して各地に合同教会を建設しようと考えたのに対し、長老派は反対を唱え、さらには築地に東京第一長老教会を設立する。ここに、日本に超教派の唯一教会を建設しようという日本基督公会の構想は、創立後わずか二年半で崩壊したのである」上掲『明治のキリスト教』（一三 - 一四頁）

4　津軽承昭は、藩主を免官された後も津軽の教育に理解を示し、一八八三（明治十六）年まで東奥義塾に多額の金銭と土地の寄付を行った。その内訳は「明治五年五千円　〃七年二千円　〃八年から十三年まで六カ月間毎年三千円　〃十四年二千三百十二円　〃十五年二千六百二十一円　〃十六年一万円　計三万九千九百円余ほかに次の土地財産をも与えられた。明治十三年水陸田反別十七町六畝余（地価千五百九十三円余）」であった。上掲『弘前市教育史上巻』（一一七頁）

5　マクレイの弘前での動向と再評価について、北原かな子『洋学受容と地方の近代―津軽東奥義塾を中心に―』岩田書院 二〇〇二年 第5章「アーサー・C・マックレーの活動」（二〇五 - 二三〇頁）に詳しい。

6　青山学院編『本多庸一』三五堂 昭和四十三年に「基督の心を知るは神学ではない。聖書を百千遍読んでも無益である。祈祷も大切であるが、祈祷することでもない。基督と共に働くこと、十字架を負ひ自己を棄てることである。父の御心に従ひて克己献身する間に、いつの間にか父の御心が解つて来る」（二五八頁）という言葉が紹介されている。なお、本多のキリスト教観については、佐々木竜太「本多庸一の「基督主義」教育観における「実験」概念」『教育研究（青山学院大学教育学会紀要）』第四十七号 二〇〇三年（一三 - 二五頁）を参照。

7　「十月二日教會組織の爲め相談せんとイング師宅に會する者二十二名。外に参観人兩三名ありたり。イング師を議長となして議事を始む。本多庸一氏の動議に依り長老二名、執事一名を選擧することとなり投票の結果本多庸一氏先づ當選せり。(中略) 茲に於て更に投票し三分の二以上を得たる者は川村敬三氏なりき。執事には菊池軍之助氏選擧せられ、此處に初めて弘前日本基督教會組織せられたり」日本メソジスト弘前教會『弘前教會五拾年略史』大正十四年（一 - 三頁）

8　横浜公会に倣って当初設立された弘前公会が、結局ジョン・イングの属するメソジストとなった経緯については、佐藤和夫「本多庸一に見る明治初期プロテスタンティズム」『弘前大学國史研究』五十号 一九六八年（十九 - 三八頁）に次のように記されている。「明治九年十二月二十日、弘前公会は本多を議長としてプレスビチリアンの一致教会か、メソジスト監督教会（美以教会）かの宗派問題が論議された。この動機は横浜からプラウン・バラ外一名の宣教師が来た時、本多は一致教会の本部より弘前に伝道者を送りて教会を維持すること可能かと問うたのに対し、距離遠隔のため当分不可能との返答であったので、これを聞いたイングは、それならばメソジストでこれに当たろうかと考え、メソジストの長所・美点を本多に説いたのに始まる」（同書 三三頁）この引用に「教会を維持することが可能か」とあるが、実際には東奥義塾の財政状況が問題であったようである。東奥義塾はイングに一六七円という多額の報酬を約束していたが、イングがただのお雇い教師ではなく正式にメソジスト教会から宣教師としての身分で給与を得ることで、報酬を百円減じることが可能となった。北原かな子上掲書（一二三 - 一二四頁）を参照。

9　上掲『弘前教會五拾年略史』（四頁）

10　「六月廿三日イング師より受洗せし者三名。即ち菊池九郎 山田寅之助 長谷川朝吉 右三氏は西南の役出征の途に上らんとする時なりき」上掲『弘前教會五拾年略史』（六頁）

11　「三月六日イング師夫妻の爲め、送別會を元寺町説教所に開く。イング師は『基督教徒の完全』に就て、イング夫人は女子に勸むる所ありたり。最後に本多庸一兩師に答辭せり。翌七日永らく我が弘前に在て、書生を薫陶し、布教に盡力せられたる宣教師にして、而かも我が教會の創立者なるジヨン・イング師夫妻は弘前を去れり。會友及び東奥義塾の須郷元雄師等藤崎町まで同師を送り、皆涙に咽びて分袂せり」上掲『弘前教會五拾年略史』（七頁）

12　高畑美代子「イザベラ・バードに会った3人のクリスチャン学生と弘前教会・東奥義塾の活動」『弘前大学大学院地域社会研究科年報』第二号 弘前大学 二〇〇五年（四六頁）の表2を参照。

13　北原かな子上掲書（一二五頁）

14　上掲『弘前教會五拾年略史』（八頁）

15　「明治十二年頃義塾學生たる伴野雄七郎氏東都に遊學せり。その當時慶應義塾の一派は國會開設を主張せるがため、伴野氏は學生ながらも國會開設の必要を感じ、歸國後菊池本多の兩氏に語りし處兩氏も感を同じくせり。依て國會開設請願有志を募り、又縣下に遊説するに至れり。」上掲『弘前教會五拾年略史』（九 - 十頁）

16　本多は義塾を退いたことを次のように回想している。「本多は自由党で耶蘇だから、彼を東奥義塾に置いてはいかぬという政敵からの攻撃で、終には主人となる旧知事を通して迫って来たのであります。故岩倉公は立派な人物ですが、非常の神経家で大の耶蘇嫌いでありましたから、その方面から旧知事を非常にイヂメルのであります。他の人なら兎も角も、平素其の人の馬前には一死をも辞せないと思うて居りまする主人の困苦せらるるには、忍ぶ事が出来ませんで、終に義塾を引くことになりました」氣賀健生著 青山学院『本田庸一』編

集委員会編『本田庸一―信仰と生涯』教文館 二〇一二年（九一頁）

17 佐藤和夫「近代青森県キリスト教史の研究（その一）」『弘前大学國史研究』五十五号 一九七〇年（九‐十一頁）を参照。なお同論文によると、一八九六（明治二十九）年における青森県と秋田県内のメソジスト教会は六あり、会友数と牧師給与は青森八戸が四五人・二一〇〇〇円、弘前黒石が九六人・八四〇〇〇円、藤崎が二七人・一五六〇〇〇円、五所川原沼館が三三人・二〇〇〇〇円、大館が二九人・七〇〇〇円、秋田能代が三〇人・一〇〇〇〇円となっており（同 十一頁）、藤崎教会の財力が群を抜いていることがわかる。

18 上掲『本田庸一―信仰と生涯』には、「七月十六日に行われたその葬儀は、弘前における最初の基督教の葬儀であった」（九六頁）とあるが、上掲『弘前教會五拾年略史』には明治十五年七月九日に亡くなった「菊池えい子」の葬儀が行われ「是れ我が弘前に於ける教會友にして眠に就きし初めにして、従つて基督教葬式の最初なりき」（九‐十頁）と記されている。

19 本多はその後も政治家として活動する意欲を棄てなかったが、アメリカ滞在中に転機が訪れ宗教家としての道に専念することを選び取ったという。この経緯については上掲『本田庸一―信仰と生涯』（一〇六‐一一五頁）及び、小川原正道「本多庸一における「政治」」『法學研究』第八十五巻八号 慶應義塾大学法学研究会二〇一二年（一‐二二頁）を参照。

20 『東奥日報』紙は、官権の機関紙であった『陸奥新報』紙に対抗して、自由民権運動の主体である菊池らにより創刊された。創立の経緯については伊藤徳一編『東奥日報と明治時代』東奥日報社 昭和三十三年 に詳しい。

21 帰国後のイングの動向については、北原かな子 上掲書（七一‐七二頁）を参照。

# 第七章　八戸におけるハリストス正教会の宣教

## 第一節 ◉ 源晟

次に、八戸地方で一時期教勢をつよめたハリストス正教会の宣教について見ていこう。

一八六八（明治元）年、前述のように、函館のロシア領事館付司祭という立場で函館に滞在していたニコライは、土佐藩出身の澤邉琢磨、仙台藩出身の酒井篤礼、能登出身の浦野大蔵に教えを説き、密かに洗礼を授けた。霊名は、澤邉がパウウェル、酒井がイオアン、浦野がイアコフであった。パウウェル澤邉は坂本竜馬の従兄弟に当たる。イオアン酒井とイアコフ浦野はともに医師だった。彼らが函館に来たのは、西洋の文化や医療技術を修めるためであったと考えられる。パウウェル澤邉らは、受洗後、函館に新政府の新しい奉行が来ることからキリスト教に対する弾圧を予想し、函館を一時離れた。

翌年の一八六九（明治二）年、ニコライはパウウェル澤邉を通して元仙台藩士たちと知り合い、教えを説いた。戊辰戦争で苦汁を舐めた彼らは、国を憂い、攘夷の再起を図るために函館に集まっていた[1]。

この年ニコライは、日本宣教を組織的に展開する時期が来たことを感じ取り、日本伝道会社設立の許可を得るために、いったんロシアに帰国した。ニコライが帰国している間、留守を頼まれたパウウェル澤遑らは、上記の元仙台藩士たちとともに教義の研究に努めた。一八七一（明治四）年にニコライが帰国すると、彼らは正教についてさらに学びを深め、石版印刷によって教理書等を作成し、伝道に備えた。この年の秋、旧仙台藩士十二名が洗礼を受けた。ニコライはそのうち三名を、十二月に仙台布教のために派遣した[2]。

一八七二（明治五）年二月、ニコライは日本全国へ布教する体制を整えるため、本拠地を東京に置いて自ら赴任した。函館の布教は、日本伝道会社のために一月にロシアから着任した修道司祭アナトリイが任された。こうしてハリストス正教会の布教は函館から始まり、早い段階で仙台が伝道地となり、東京に主教座がおかれることになった。そして、函館・仙台・東京を結ぶ東北地方の経由地に、伝道が始められた。

これより少し前、八戸藩の河原木瀧藏という人物が、東京への留学を志していた。のちに八戸のハリストス正教会を立ち上げるパウェル源《みなもと》晟《あきら》である。河原木は、一八五〇（嘉永三）年に八戸藩士族の家に生まれ、藩学校で文武を学び、岩泉正意から数学や洋学を教わった。岩泉正意は、盛岡藩の日進堂で大島高任から英語、物理、化学、博物、応用科学などを学び、八戸藩校で英学寮長となり、八戸での洋学の振興に努めた人物である[3]。

一八七一（明治四）年五月、向学心の強かった河原木は、藩に東京留学の願書を届けたが、許可がおりないまま出立したため、東京の藩邸で一週間の謹慎処分となった。その後留学を許され、東京にある八戸藩主の菩提寺である金地院の屋敷に住んだ。七月に河原木は、源晟と改名した。「源」という姓は、八戸に伝わる義経伝説に由来するとされる[4]。

名を改め、志を高くした源晟であったが、その留学期間は長くは続かなかった。同年、廃藩置県が断行され、八戸藩は七月に八戸県となり、その後の合併を経て九月末に青森県となった。このため、藩費による留学生への費用給付が困難となり、八戸藩は七月二十三日に留学生にいったん帰郷するよう促した。さらに九月五日には、留学生に対し旅費を一人五両与えるので帰郷するよう命じている。源もこれに従うしかなかった。彼が東京でどのような学修をしたかは詳らかではない。八戸藩出身の逸見依義の私塾が、この年の九月から源も投宿した金地院でアメリカ人語学教師クラークの雇用を外務省に申請しているが[5]、帰郷の命が下った源が、その恩恵に与ることはなかったであろう。

八戸にもどった当初、源がどのように過ごしていたかは判然としない。一時期、八戸藩校の洋学部の教師に名を連ねている[6]。この頃の八戸の洋学教育に関する記録として、一八七二（明治五）年に岩泉正意と英国人ルセーが西洋思想を教える私塾を開業したこと[7]、一八七五（明治八）年に蛇口胤親が自宅に開いた夜学「開文学舎」でも、岩泉正意とルセーが教えていることがわかっている[8]。八戸随一の洋学者であった岩泉の私塾が、おそらく蛇口の開文学舎に発展したものと考えられる。源は岩泉の教え子であり、志なかばで帰郷した彼がこの頃師匠のところに出入りしていたことは確かであろう[9]。

代言人として活躍したという記録もある。開文学舎が開かれた同年、源は青森県に対し建議書を提出している。その中には「妓税ヲ増スノ儀」として、芸妓業に増税を課して廃業を促進し、その税収を救貧のために活用する訴えが見られる[10]。源の社会問題への視座や正義感をうかがい知ることが出来る。

## 第二節 ◉ 八戸光栄会

ハリストス正教会の布教は、上述のようにパウェル澤邉ら最初の受洗者と旧仙台藩士たちが、函館と仙台で伝道したことに始まる。仙台ではイオアン小野の自宅に講義所が設けられ、パウェル澤邉も加わり、伝道が積極的に行われた。函館では、修道司祭アナトリイのもとで伝教者の養成が始められ、市内数か所に講義所が置かれ、イオアン酒井とパウェル津田が中心となって伝道が行われた。

しかし当時、政府はキリシタン禁制政策を保持しており、官憲は戊辰戦争で旧幕府側についた旧仙台藩士の動向を危険視し、警戒していた。一八七二（明治五）年二月に仙台でパウェル澤邉らが投獄されたのを皮切りに、入信希望者らを含め計一〇七名が投獄され取調べを受けた。函館でも三月にイオアン酒井、パウェル津田らを含む九名が投獄された。ニコライをはじめ、キリスト教諸派がこれに抗議した。この頃欧米を訪れていた岩倉具視使節団も、一連のハリストス正教会の信者捕縛を非難され外交問題に発展したため、捕縛者は六月までに釈放された[11]。こうした受難を経て、伝道はいっそう活発化していくことになる。

青森県でのハリストス正教会の伝道は、上記の伝教者が函館仙台間を行き来する中で行われた。青森県において伝道がいつから行われたかは定かではないが[12]、一八七三（明治六）年に、三戸や八戸で伝教者が訪れていることは、次のことから確かである。

すなわち、一八七三（明治六）年十二月十三日付で、第十七中学区取締の北村礼次郎から五戸市庁吉田茂宛ての報告に、三戸で「東京ニコライ門人」の仙台士族「大嶋」なる者が住民に伝道したことから、北村が感化された住民を「説諭」し「反正」の証書を提出させたことが記されている。そこには、証書を提出した者九人、「入社」（入信）したので証書を提出しなかった者三名の名が記されている[13]。

また十二月十六日付の報告では、「酒井某」を含む「耶蘇教箱館教会社より四人相廻り候」とし、伝教者四人が八戸、七戸、五戸で活動しているという情報を追加している[14]。これらの動きを受けて、同年十二月二十四日付で青森県権参事那須均から岩倉具視に宛てた報告では、三戸郡において宮城県出身の「大島丈輔」というニコライの門人がやってきて、キリスト教について講演し、数十人がこれを聞き、内数人が入信したことが伝えられている[15]。旧仙台藩士と同様、旧南部藩士や旧斗南藩士も戊辰戦争で新政府と対立したことから、官憲はこれら士族らの目立った動きを警戒していたのである。

なお『日本正教傳誌巻之壹』には、イオアン酒井が、一八七三（明治六）年の「十二月を以て、八戸地方の傳道を命ぜられ」たこと、翌年一月まで「八戸・福岡・三戸間に在りて、福音を傳え」ていることが記されている[16]。

これより早い記録として、三戸の川村正吉が「明治三年八月二十七日アナトレイ司祭によって洗礼をうけ」[17]たとの情報があるが、アナトレイが来日したのは一八七二（明治五）年であるから矛盾する。「明治三年」はニコライが一時帰国中であり、旧仙台藩士らの受洗より前に司祭不在のなか三戸で受洗者があったとは考えにくい。

以上のことから、青森県での伝道の始まりの時期は特定できないまでも、一八七三（明治六）年にまず三戸で伝教者の往来が盛んになり入信希望者が現れ、八戸にも伝道の裾野が広がっていったと考えるのが妥当と思われる。八戸の源晟もまた、この頃にハリストス正教の教えに触れたのであろう。

一八七六（明治九）年七月に行われたハリストス正教会の公会の記録である『公会議事録』には、「三戸教会ハ宜キ景況ナリ、又八戸伴美丸ト云う者甚タ尽力スルノ様子ニテ、已ニテ教会ヲ立テントセリ」[18]とあり、善い伝教者を派遣すれば盛んになるだろうと報告されている。この頃、三戸には既に教会があり、八戸では教会を設立する動きがあったことがわかる。そして同年十月七日、八戸の堤町に「陸奥国八戸光栄会」が設立された。この時、八戸を訪れていたのはパウェル澤邉である。彼は、前年七月に、日本人初のハリストス正教会の司祭に叙階されており、洗礼を施す資格者となっていた。上記の公会での報告に応じて、早速司祭が派遣されたものと思われる。

光栄会設立にあたり、パウェル澤邉が洗礼を授けたのは二十六人であった。その大部分は士族である。受洗者名簿の筆頭には、源晟の名がある。霊名はパウェルで、二十六歳であった。二番目には、先の引用で八戸の教会設立に尽力していたという伴義丸の名がある。霊名はペトルで、源より二歳年下の二十四歳であった。

教会設立後、パウェル源は上京し、ニコライのもとで学び、副伝教者となった[19]。一八七七（明治十）年七月より伝教者サワ山崎とともに八戸光栄会に派遣された[20]。この年の『公会議事録』には、三月に受洗者が十名あったことに加え、「啓蒙ヲ受ル者」、すなわち洗礼の準備者が一名、教会に集まる者が二十名余りで、そのうち十名ほどが洗礼を希望していることなどが報告されている[21]。なお、九月にパウェル源の母ヤヨが亡くなったが、彼女も亡くなる前に受洗した。

パウェル源は、翌年四月に千葉県の佐倉で伝道を行い、七月には秋田に派遣されている。千葉でも秋田でも、プロテスタントの伝道者と鉢合わせすることがあり、また神道や警察からの妨害も加わり、思うように成果を上げることはできなかったようである。その後、一八七九（明治十二）年には岩手県の大槌に派遣された。翌一八八〇（明治十三）年、再び八戸の伝教者となった。

八戸光栄会による地域での伝道は順調とはいえなかった。一八七九（明治十二）年の公会の記録には、イヲアン石橋という信徒が、神道を奉じる実家から「田地ヲ収没サン家ヲ逐ヒ出サントス」という受難を負ったことが記されている。また「人心ハ金財ニアリテ、天国ニアルモノ甚ダ少ナシ」と世情を憂う報告も見られる。一八八一（明治十四）年には、パウェル源が「正式ヲ以テ死者ヲ埋葬シタル科」によって「贖罪金二円五拾銭」を課せられたとされる。この年の八戸の教勢は信者「五十五名内男三十六名女十九名」で、主日に教会に集う人数は二十四、五名とされる[22]。

八戸光栄会設立のために尽力したというペトル伴義丸について、一言しておこう。彼の出自や教会設立後の動向については判然としないが、長く伝教者として働いていたことが次のことからわかる。すなわち、一九〇二（明治三十五）年と一九〇三（明治三十六）年の『公会議事録』において、公会に出席した伝教者名簿に名を連ねており、両年とも宮城県の佐沼の教会付の伝教者として派遣されていることが記録されている[23]。パウェル源が一八八六（明治十九）年に政界入りした際に伝教者を辞しているのに対し、ペトル伴は伝教者に徹したらしく、少なくとも上記の公会まで活躍したことが知られる。

## 第三節 ◉ 政治活動、宣教の不振

さて、弘前の東奥義塾出身者と同じように、八戸でハリストス正教に入信した士族出身者たちのなかから、政治の世界で活躍する複数の人材が生まれた。一八八〇（明治十三）年、八戸では「暢伸社」という自由党系の結社が立ち上げられた。弘前で本多庸一らによる民権運動の組織「共同会」が設立されたのと同じ年である。暢伸会の中心人物は、後に県会議員、衆議院議員、鮫村長、八戸町長を務めることになる奈須川光宝である。会のメンバーは、上述の蛇口が開いた開文学舎の出身者で、いずれも岩泉正意と交流があった。必然的に八戸光栄会の信者も多く、パウェル源の他、マルク関春茂、パウェル白井毅一、アンドレイ井河天寿などがメンバーに入っている。

暢伸会のメンバーが最初に取り組んだ政治運動は「産馬騒擾事件」であった。南部地方はもともと馬産地であったが、この頃、青森県は馬の市場を統制し、馬産者に対する増税により県の税収増を図ったため、馬産農家の不満が鬱積していた。奈須川やパウェル源ら暢伸会のメンバーは農家の反対運動に呼応して、民間で市場を運営し、馬産農家の負担軽減を実現するための運動の中心に立ち、最終的に裁判で勝利した。

政治的手腕に信望を得たパウェル源は、一八八六（明治十九）年に青森県議会議員に当選した。政界入りにともない、彼は翌年の公会でハリストス正教の伝教者を辞した。この時ニコライは、激励の意味でパウェル源にイコンを贈った[24]。その後、パウェル源は自由党に入党し、奈須川、マルク関ら暢伸会のメンバーと「八戸土曜会」という自由党系の政治結社を組み、影響力をふるった。一八九一（明治二十四）年に県議会議長に就任し、一八九四（明治二十七）年には衆議院議員となった。

八戸光栄会のメンバーで暢伸会に加わった者のうち、パウェル源の他に政界入りをした人物として、マルク関がいる。彼は青森師範学校八戸分校の最初の卒業生として小学校教員となったが、県会議員に当選後、通算二十四年間議員を務めた他、代議士も一期就任した。晩年は湊村長、八戸町長を務めている[25]。またパウェル白井毅一は、産馬組合長、八戸町助役を務めた[26]。

教会のメンバーが政界で活躍する一方で、八戸光栄会の教勢は落ち込んでいく。山下須美礼氏による受洗者名簿の調査によると、最も受洗者が多かった年は教会が設立された一八七六（明治九）年の二十六名であり、一九〇一（明治三十四）年まで血縁者を中心に受洗者が見られるが、右肩下がりである。明治三十五年から明治四十四年まで受洗者の記録はなく、一九一二年（明治四十五）年から一九一九（大正八）年まで断続的に少数の血縁者の受洗者が見られる。山下氏の分析によると、八戸光栄会の信徒は、おおむね教会設立時に受洗した者とその血縁者から構成されており、そこから新たな広がりが見られなかった[27]。

教勢の伸び悩みは、明治三十年代に入り日露戦争の足音が近づき、ハリストス正教への世間の目が厳しくなったことも影響しているであろう[28]。信徒の政治活動にも影が忍び寄り、一八九八（明治三十一）年にパウェル源は、衆院選で奈須川に敗れ、政界を離れた。

一九〇二（明治三十五）年の『公会議事録』に、当時の八戸光栄会の状況をうかがうことができる報告が見られる。この年の公会で、八戸地区の担当者であるボリス山村司祭から「パワェル源 外七名」から提出された「八戸教會提出請願『目時傳教者再任派遣の件』」が読み上げられている。それによると、八戸光栄会では「久しく不振の狀態」で新しい信者が出ず、従来の信者も祈祷に来ることが稀になったが、「目時傳教者」が赴任してから「面目を一新」したという。すなわち目時伝教者は、着任後「青年會を組織し信徒を誘引」し、そこでは異教徒も加わって教えを聞くようになり、洗礼希望者も現われた。ところが、目時伝教者が転任せざるをえない事情が生じた。その理由は、蟹田に赴任していた「細川傳教者」が病気の妻を連れて郷里の八戸に戻ってきたからだという。一つの地区に二人の伝教者は必要ないので、目時伝教者が代わりに蟹田に赴任したわけである。

しかし請願によると、細川伝教者は、両親が病に伏しており、遂には妻子も失ってしまった。細川伝教者は、両親の看護のため青年会の世話どころか伝道することもままならない状態である。そのため教会に来る者がなくなってしまった。そこで目時伝教者を再び八戸に派遣してほしいという請願となった。ボリス山村司祭は「予も此の間八戸に參つたが、執事等とも相談し、同教會の先輩たるパフェル源、マルク關などの意見をも聞きたり」として、実際に八戸で実情を調査している。その上で、目時伝教者を失えば「折角組織したる青年會もそれ切りになり、進歩に赴き來りし會勢も頓挫するに至る」ので、是非請願を採用してほしい旨を訴えている[29]。

この報告により、当初の勢いを失った八戸光栄会がなおも将来の伝道に希望を抱いていた様子と、その中で政治活動から身を引いたパウェル源が、教勢の回復のために心を砕いていた姿を垣間見ることができる。結局、この時の公会の審議では、八戸の教会への派遣者は「副傳教者イグナテイ目時 傳教生アレキサンドル細川」の二名で決着し、パウェル源らの請願は聞き入れられた[30]。

ニコライは「われわれの教会は日本人たちの手によって築かれたのです。日本にわれわれ宣教師は二人以上いたことはない。われわれのところでは聖職者と伝道者はすべて日本人です」と常々語っていたという[31]。一九一一（明治四十四）年、ハリストス正教会は「ニコライ大主教渡来五十年期祝典」を祝ったが、その翌年、すなわち明治最後の年の二月、ニコライは東京で七十五年の生涯を閉じた。さらにその翌年の六月、日本人最初のハリストス正教会の信徒で、八戸でパウェル源ら二十六人に洗礼を授けたパウェル澤邉琢磨司祭が、七十八歳で亡くなった。

パウェル源は、晩年に八戸町立徒弟学校長、町立図書館長などに就き、一九一八（大正七）年に、六十八歳で亡くなった。河原木家の菩提寺である八戸市の曹洞宗廣澤寺に、今も彼の墓がある。

## ▼Endnotes

1 「彼らは函館にて憂国の士として名を馳せていた澤邉琢磨を訪ねる。澤邉は国家を憂うる精神こそ昔と変わることはなかったが、澤邉が日本帝国の前途を思い、彼らに説いて聞かせた持説とは「国家の革新は人心の改造によりせざる可らず。人心の改造は宗教の改革よりせざるべからず。宗教の改革はハリストス教を以てせざるべからず」というもので、一同は意外の感に打たれることとなる」上掲『函館ハリストス正教会史 亜使徒日本の大主教聖ニコライ渡来１５０年記念』（三二頁）

2 旧仙台藩士の十二名は、イオアン小野荘五郎、イアコフ高屋仲、ペトル笹川定吉、ペトル大立目謙吾、マトフェイ影田孫一郎、パウェル眞山温治、パウェル大條季治、アンドレイ梁川一郎、ペトル小野虎太郎、パウェル津田徳之進、ティト小松韜蔵、パウェル岡村伊賀蔵である。パウェル澤邉が代父となった。このうち仙台での伝道に派遣されたのは、イオアン小野、ペトル笹川、イアコフ高屋の三名である。上掲『函館ハリストス正教会史 亜使徒日本の大主教聖ニコライ渡来１５０年記念』（三七頁）

3 岩泉正意は当時、八戸における洋学普及の第一人者であった。ジョン・スチュアート・ミルの「代議政体論」や「ミルトン論」を翻訳している。源晟の他、ハリストス正教会に入信する奈須川光宝、関春茂も岩泉から洋学を学んでいる。八戸市史編纂委員会『新編八戸市史通史編Ⅲ近現代』八戸市二〇一四年（四八 - 四九頁、七六頁）

4 山下須美礼「八戸におけるハリストス正教会の成立と展開—受洗者名簿の記録から—」『弘前大学國史研究』一二四号弘前大学二〇〇八年（二九頁）

5 明治四年九月の「県庁布令留」に「弘前縣貫属 元八戸縣士族 逸見思無邪」が「今度米利賢人クラーク氏雇入洋語学所相開候定約」、十一月には「青森県貫属 逸見依義」が同様に願書を外務省に提出したことが記録されている。八戸教育史編さん委員会『八戸市教育史（上）』八戸市教育委員会 昭和四十九年（一〇三 - 一〇五頁）を参照。

6 上掲『八戸市教育史（上）』「明治四年一月から十二月まで八戸藩学校で教育を受けた小島穂積」による情報として、三人の教員のうちの一人に「源晟 洋学部の先生」とある（一二八頁）。

7 上掲『八戸市教育史（上）』に掲載された「私塾、寺子屋開設状況」の私塾の表に明治五年開業した西洋思想を教える私塾に岩泉正意とルセーの名があり、塾生数は男二とある（一五四頁）。

8 上掲『八戸市教育史（上）』（二三五 - 二三六頁）及び八戸近代史研究会『きたおうう人物伝 近代化への足跡』デーリー東北新聞社 平成七年（二一頁）を参照。ルセーは、三沢の広沢牧場で西洋式牧畜を指導した英国人マキノンの通訳であった。

9　岩泉はキリスト教に対する理解者でもあった。〈八戸地方の布教はスムーズではなく、三戸の中学区取締の北村礼次郎は七年三月「ヤソ警戒ニ係ル建言」を出し、県令代理の太田広城は厳しい弾圧を加えている。ところが洋学に造詣の深い岩泉正意が九年五月に北村から代わると弾圧を解き、十月には堤町に八戸初の教会「陸奥国八戸光栄会」が設立された。〉上掲『きたおうう人物伝 近代化への足跡』（三四 - 三五頁）

10　源晟の建議書は、青森県史編さん近現代部会編『青森県史資料編近現代Ⅰ』青森県 二〇〇二年（一三三頁）に掲載されている。県議の内容は「副戸長壱名及組頭ヲ廃スルノ議」「五戸支庁ヲ八戸ヘ転スルノ議」「妓税ヲ増スノ儀」の三点であり、明治八年二月十五日付で県参事に宛てられている。山下須美礼の上掲論文は、建議書のなかに源が二、三年宮城県や岩手県を回っていたことが記されていることから、この時期にハリストス正教会の教えに触れた可能性を示唆している（同論文三〇頁）。

11　函館と仙台で行われたハリストス正教会信者の官憲による捕縛と釈放の経緯について、政府と地方行政によるキリスト教禁制の認識との関わりから考察した論文に、鈴江英一「函館・仙台洋教事件における寛典の処置と禁教政策への影響」『史学』第六十九巻第二号 慶應義塾大学 二〇〇〇年（一六九 - 一九四頁）がある。

12　八戸での宣教開始の年については、上掲『新編八戸市史通史編Ⅲ近現代』（二一七頁）、八戸社会経済史研究会編『概説八戸の歴史下巻1』北方春秋社 昭和三十七年（八九頁）等、おおむね一八七三（明治六）年である点で一致しているが、八戸社会経済史研究会編『写真で見る八戸の歴史　明治・大正の試練』北方春秋社 一九七〇年（五九頁）では「慶応四年（一八六八）四月から」とされるなど、異説も見られる。

13　「社中反正証差出シ候者 三戸佐藤連之助 連之助長男 佐藤良平 岩手県士族三戸寄留 川村甚之丞 三戸 諏訪内源司 同 近田蘭平 同 松尾五兵衛 同斗南 小野和助 三戸 佐藤九郎八 〆九人 函館教会へ入社証書不出者 三戸 宮喜代太 同 江刺家其太 甚之丞長男 川村定次郎」青森県史編さん近現代部会編『青森県史資料編近現代Ⅰ』青森県 二〇〇二年（七三五 - 七三六頁）。

14　同上（七三六頁）。続く箇所で「東京ニコライより旧南部地方へ函館より伝道師十名余も相廻し可申旨、函館教会アナトリエへ申来り候」とし、ハリストス正教会の動向を注視している。

15　「当県管下三戸郡村々ニおゐて耶蘇教講談致候者有之趣相聞候ニ付取糾候処、魯人ニコライ門人之由ニて、宮城県貴属士族大島丈輔なる者講筵を開き勧誘致候より、己ニ其箋ニ入ルもの数十人、其門に入ル者も亦数人ニ至り申候」（同上 七三五頁）

16　石川喜三郎編『日本正教傳道誌』巻之壹 正教會編輯局発行 一九〇一年（二〇一頁）イオアン酒井は、先に投獄釈放された後、実家である金成の川股家預かりとなったが、一八七四年一月に再び水沢県庁から召喚があった。そこでイオアン酒井の甥にあたる川股吉治が迎えに行った際に、イオアン酒井が「八戸・福岡・三戸」で伝道していたことが記されている。なおこの甥は後に「アウラアム」の霊名で受洗したという。

17　佐藤和夫「明治初期ギリシャ正教伝道史における士族信徒の政治活動について：三戸聖母守護会記録の一断面」『弘前大学國史』六十二・六十三号 一九七五年（九‐二一頁）に、盛岡ハリストス教会所蔵の『三戸聖母守護会記録』の調査に基づいた川村正吉に関する記述（十頁）である。三戸町史編集委員会編『三戸町史中巻』三戸町 平成九年にも、同記録をもとに「明治三年、仙台藩士大島丈助なる信徒が函館に赴く途中、風雨悪天候のため、三戸に二三泊したのを機会に川村正吉は入信し、ハリストス正教信徒となり」と記されている。「大島丈助」は上記明治六年十二月に三戸で伝道した人物「大嶋」と同一であろうから、川村正吉の受洗の年は正しくは明治六年と考えるのが妥当と思われる。

18　八戸市史編纂委員会編『新編八戸市史近現代資料編Ⅰ』八戸市二〇〇七年（二七五頁）文中の「伴美丸」は誤記で、「伴義丸」のことであろう。

19　ニコライのもとで「認められ教会付属の小学校監督も任ぜられた」という。上掲『きたおうう人物伝 近代化への足跡』（四七頁）

20　以下の記述は、ハリストス正教会の雑誌『教会報知』等の検証によりパウェル源の動向を詳細に跡づけた山下須美礼の上掲論文（三〇‐三九頁）にほぼ負うている。

21　上掲『新編八戸市史近現代資料編Ⅰ』（二七六頁）

22　同上（二七八頁）

23　石川喜三郎編『日本正教会公会議事録』正教會事務所（明治三十五年）及び同編『大日本正教会神品公会議事録』（明治三十六年）が国立国会図書館の「近代デジタルライブラリー」で公開されている。明治三十五年の佐沼教会の教勢は、「信者総員四〇一、現在員二〇四」とあり規模の大きい教会である。

24　ニコライから送られたというイコンの写真が、上掲『写真で見る八戸の歴史　明治・大正の試練』（五三頁）に掲載されている。

25　関春茂については、上掲『きたおうう人物伝 近代化への足跡』（八八‐八九頁）を参照。人柄について「精錬、潔白な人柄は万人の尊敬するところであり、頼み事の礼はいっさい受け取らず、いつも「神のためにやっている」と言ったという」と記されている。

26　上掲『概説八戸の歴史下巻1』（九一頁）

27　山下須美礼 上掲論文（三三‐三六頁）

28　上掲『写真で見る八戸の歴史　明治・大正の試練』には、「八戸ギリシヤ正教会の指導者源晟は群衆から襲われ「露探」とのしられた。信徒の生命の危険さえ感じた八戸正教会は、三十六年の末に遂に解散を宣言した」（一一二‐一一三頁）とあるが、上述のようにその後もわずかながら受洗者がいることから、「解散」の意味するところは不明である。

29　上掲『日本正教会公会議事録』（九九‐一〇一頁）

30　同上（一四九頁）。なおこの公会で、盛岡教会もまた目時伝教者の派遣を請願している。「ティト相澤傳教者」から「兄弟等は目時傳教者を愛し居るを以て、同氏を遣されたし。目時氏は八戸よりも請願し居らるゝも、盛岡の布教は八戸に比すれば、大いに盡力せざるべからず、教會全体の希望なれば目時氏を遣はされたし」との請願が発せられている（同上一〇五‐一〇六頁）。八戸と盛岡で目時伝教者を取り合う形になっていたことがわかる。

31　中村健之助『宣教師ニコライと明治日本』岩波書店一九九六年（九一頁）。同書によればニコライが目指したのは日本人による自立した教会であり、ロシアによって監督される「支店」ではなかった。「…宣教の勢いにおいて他派にひけをとらなかったのは、そして日露戦争においてロシア人はニコライ以外だれもいなくなったのに活動を維持しえたのは、最初期から日本人が伝道を担い、司祭もまた日本人から選んだからなのである。日本正教会はニコライと日本人の作った教会であった」（同書 九五頁）

# 第八章　カトリックの宣教師たち

## 第一節 ◉ マラン神父の東北旅行

第二部の最後に、明治期の青森県におけるカトリック教会による宣教について見ることにしよう。

明治期におけるカトリックの布教は、前述のように、フランスのパリ外国宣教会から始まった。青森県にカトリックをもたらしたのも、パリ外国宣教会の宣教師たちである。

はじめに青森県を訪れた宣教師は、J・M・マラン神父である。マランは、一八七二（明治五）年に、デンマーク領事エドワード・バヴェエーとその弟エルネストとともに、函館から青森に渡り、キリスト教解禁前の東北地方を江戸まで徒歩で旅行している。この頃はまだ外国人の遊歩規程が設けられており、居留地から十里以内の範囲を越えて自由に歩くことは禁じられていた。この旅行は、特別な許可を得て実現したものであり、行程中は外務省から派遣された警備の士官が同行していた。つまり、宣教を目的とした旅行ではなかった。旅行の企画推進者は、すでに日本国内を四十回も旅行していた「大胆な旅行者」であるエドワード・バヴェエーである[1]。マランは、バヴェエー兄弟の旅行に便乗する形で、明治初期の東北地方の人々の暮らしを視察する機会を得たわけである。

青森県での足跡は次のとおりである。五月九日から十五日までの七日間に、下北半島の先端にある大間より少し南西に位置する奥戸の港に上陸し、大間から易国間、赤川を経て大畑までの北通道、田名部、横浜、野辺地までの田名部街道（現在の県道二七九号線）を経て野辺地に至り、そこから奥州街道（ほぼ現在の国道四号線沿い）に沿って七戸、三本木、五戸、三戸を歩いた。三戸からは、鹿角街道（現在の国道一〇四号線沿い）を通って秋田県へ向かった。

三戸でマランは、キリシタン禁制の高札を目にしている。この頃の高札の記述は、諸外国の抗議により、直接キリスト教を邪宗として禁じる表現が改められ、「すべての邪宗はかたく禁じられている」に直されていた。しかし三戸では、古い表現のまま高札が掲げられていたという。「奥地は、外国人の目に開かれていないので、この命令の文章を換えようとしなかったばかりか、それを一八七〇年以前のままで再発布した。おそらく誰も抗議しないだろうとよく知っていたであろう」[2]とマランは指摘している。

おもしろいことに、旅行に同伴した警備隊の隊長さえマランがキリスト教の宣教師であることを知らなかったという[3]。マランは道中会う人々に対して、西洋人の観光旅行者の一人として振舞ったのであろう。しかし宣教の熱意に燃えていたマランにとって、人々に福音を伝えることが出来ないことが、多少のストレスにもなったようである。一行が秋田県の大湯温泉から一時間歩いた毛馬内という町に入ったとき、マランは、役人から受けた荘厳な歓迎や、初めて見る西洋人に群がる野次馬の様子について触れ、「ああ、いつになったら、この単純で善良な人々にキリストの愛を説くことが出来ようか」[4]と嘆いている。

マランはこの東北旅行について紀行文を記し、それは一八七四（明治七）年にフランスの雑誌に掲載された[5]。西洋人による東北地方の旅行記としては、一八七八（明治十一）年に東北の日本海側から北海道までを旅した英国人女性イザベラ・バードによる『日本の未踏路』（英国での出版は一八八〇（明治十三）年）が有名であるが[6]、マランの旅行はそれよりも六年早い。マランの紀行文には、幕末から明治維新にかけての日本の国情、東北各地の風土や出会った人々の特性などが、風刺やユーモアを織り交ぜながら克明に描かれており、貴重な史料となっている。

## 第二節 ◉ アリヴェ神父の受難

マランの旅行の後、宣教を目的として青森県に訪れた最初の宣教師は、J・B・A・アリヴェ神父である。アリヴェは、キリシタン禁制の高札が撤去された翌年の一八七四（明治七）年に弘前を訪れた[7]。

アリヴェが弘前にやってきた経緯については、小野忠亮氏が『宣教師・植物学者フォリー神父―明治のカトリック北日本宣教』[8]において、パリ外国宣教会の活動報告書をもとに詳論している。それによると、日本代牧区プチジャン司教が、まずアリヴェ神父を仙台の信者の司牧に派遣し、その間にフランス語の教師としての滞在許可と旅券の下付を当局に申請している。この頃はまだ、お雇い外国人等の許可を得た者を除き、外国人が開港地以外で活動することは制限されていた。アリヴェを弘前に招いたのは岸篤《きしとく》という人物である。彼は、東奥義塾の外国語教師としてアリヴェを招聘したとされる。プチジャン司教も「宣教師と一人の日本人信者との間に結ばれた契約」[9]と表現し、東奥義塾の雇用契約があったことを示唆している。

しかし、東奥義塾にはすでにこの頃、メソジスト派のマクレイが着任しており、アリヴェが弘前に来た年の十二月には、マクレイに代わってジョン・イングが弘前に到着している。したがって、そもそも弘前赴任の当初から、アリヴェが東奥義塾で教えることができる状況にはなかった。

そこでアリヴェは、十一月に弘前市内に「陶化学舎」という学校を立ち上げて外国語教師の資格で滞在し、半年の契約期間が切れると、別の者と新たに契約を結び、さらに半年ほど滞在した[10]。学校で教えた内容は、フランス語だけでなく英語、化学、医学、天文学等であった[11]。この学校を通して、キリスト教の布教を行っていたことは、「今私は、毎晩四人の人に教えているが、この人たちはみな真面目で、熱心に祈祷している」[12]という報告からうかがうことができる。

アリヴェが弘前に滞在を始めた時期は、ちょうど東奥義塾においてイングと本多が本格的にキリスト教の伝道を展開して学生や教員の中に受洗者が現れた時期と重なる。いわば、弘前メソジストの黎明期であった。彼らが熱心な伝道集団として弘前やその周辺地域で活動したことは、既述のとおりである。アリヴェの報告には、プロテスタントが盛況になる中、少数の生徒に教えることしかできず、苦悩している様子がうかがわれる。ある時には「私が最近、函館へ行き数日間家を留守にして帰宅してみたら、約一カ月前から求道者として教えていた若者たちのうち一人が、プロテスタントの牧師の方へ移ってしまっていた」、また別の報告では「私の学校の生徒がもう一人もいなくなってしまった」とあり、生徒が定着せず布教もままならないことを嘆いている[13]。

アリヴェは、プロテスタントが関与し成功を収めていた教育事業に対して、同じ「教育」で勝負すべく、立ち上げた小さな学校に集まった少数の者に対して、外国語や近代的学問を教授する努力を続けた。しかし、堅固な地盤を持ち、勢いのあるライバルに引けを取り、生徒を引き留めることができず、結果として孤独と挫折を味わうことになった。一八七五（明治八）年、弘前に来て一年ほどで、ひとりも受洗者がでないまま、アリヴェはこの地を離れた[14]。

このことについて北原かな子氏が「外国人宣教師が地方において伝道する時、有為の青年が集まる学校のような場を持つことが、どれだけ有利であるかをも示している」と指摘しているように、アリヴェ神父の弘前での挫折は、個人の力量に起因するということはできない。むしろ、学校を通したエリート青年教育に積極的に関与した明治期のプロテスタントと、その方面に消極的であったカトリックとの宣教手法の相違が、弘前での最初のカトリック宣教の場で、結果として如実に表われた事例と見ることができよう。

ところで、アリヴェを招いたとされる岸篤はどのような人物であったか。岸篤は一八五五（安政二）年に青森の医師の家系に生まれ、自らも医師となり鰺ケ沢、後に秋田県能代に住んだ。アリヴェを招く前年に、彼は函館でプレシス神父から洗礼を受けた。その時十八歳で、霊名はレオであった[15]。

彼の人物像をうかがい知ることができる少ない情報のなかに、一八七二（明治五）年に青森県庁に対して建白書を嘆願した記録がある。建白書よれば、病苦や貧困の現状を省みて「儲蓄」「病院」「貧院」の三つの改革が「牧民の主務」であるとし、それぞれの具体的な手法を提案している。「儲蓄」については勤勉、倹約以外になく、その制度化には西洋各国の手法を習うのもよい。「貧院」については、貧者や乞児に穀物を供給するのでは根本的な解決にならないので、目や足の不自由な者には縄仕事を、婦人には洗濯を、幼弱の者には藁のゴミをとって草履を作らせ、力のある者は市中で作業をさせるなどして収入を得させ、収入の三分の一を県への手数料、三分の一を薬代、三分の一を積み立てて、貧院を出て生活する際の元金とする[16]。

「一ヲ成シテ三ヲ全フ」するというこの提案は非常に具体的であり、医師の家に育った若き岸が、凶作や貧困に苦しむ青森県の窮民が陥っている惨状に心を痛め、それを解決する社会政策に強い関心を抱いていたことを示している。岸が函館で受洗したのは、この建白書を提出した翌年である。その頃、横浜ではサン・モール修道会の修道女が来て孤児や棄児の養育を開始しており、函館では慈善事業の必要のためシャルトル聖パウロ修道女会の招聘が検討されていた。彼がカトリックの洗礼を受け、弘前に教師を招いたのは、貧者や恵まれぬ子どもたちのための社会事業に熱心なカトリックの宣教師の姿勢に、共感を覚えたからかもしれない。

## 第三節 ◉ 宣教師の巡回

話しをもどし、その後の青森県のカトリック宣教のあらましをたどっていこう。アリヴェ神父の次に青森県を訪れた宣教師は、先述のマラン神父である。一八七五（明治八）年に函館に赴任したマランは、二年間に百名以上の受洗者を出している。函館で洗礼を受けた者の中には青森県出身者も含まれており、マランはその伝手をたより、一八七八（明治十一）年に弘前で五人に洗礼を授け、鰺ケ沢にも赴いて岸篤の親戚三名に洗礼を授けた。また弘前市本町の信者宅に、天主公教会の看板を掲げ伝道所を設けた。翌年もマランは弘前を訪れ、三月に十七名、七月に八名が受洗した。マランはこの年に函館を離れるが、交代して函館に赴任したペティエ神父も、弘前、鰺ケ沢、黒石を巡回し、複数の者に洗礼を授けた。

一八八二（明治十五）年、フォリー神父が函館に派遣され、早速弘前を訪れて、現在弘前教会のある百石町の土地を購入した。フォリーは一八七四（明治七）年に新潟に赴任していた頃、フランスの植物学者フランシェから日本の植物の採集を依頼され、それ以来、精力的に日本各地、後には台湾にまで足を伸ばして植物を採集した人物である[17]。また青森との関係では、リンゴ農家に剪定技術を指導したことも知られている[18]。

フォリーは、巡回布教のかたわら、北海道各地と青森県内で植物採集のために歩き回った。青森県での布教は、それまで弘前、鰺ケ沢、黒石などの津軽地方が中心であったが、フォリーは県南地方にも足を伸ばして、布教を行った。一八八三（明治十六）年に七戸町で伊藤文助夫妻に、翌一八八四（明治十七）年に三本木の素封家三浦万之助に洗礼を授けた。また同年、青森町（現青森市）に伝道所を設け、伝道士を住まわせた。その伝道士は、後に司祭となる新谷雄三郎である。

一八八六（明治十九）年のパリ外国宣教会年次報告には「フォリー師の収めた成功の中に青森のロシア正教の新信者15人ばかりがカトリックに回宗したことがある。それで市内には3人の日本人ロシア正教徒が残っているだけである」[19]と記されている。フォリーの巡回は精力的であり、目立った成果も現われていた。しかし基本的に青森県の宣教は、函館に赴任していた宣教師による単発的な巡回布教によって、少しずつ手が付けられていったのであり、その速度は緩やかであった。

同年に東北地区を巡回した北日本代牧区長のオズーフ司教は、三本木教会と青森教会―まだ小教区としての教会ではなく、信者の自宅を仮教会としていた―を訪れた際、「何分開教以来日時を経ざれば現時にありては信者の数も多からず」と報告している。その後訪れた黒石教会と弘前教会についても「わずかに五、六輩の信者をたよりに今回初めて布教に着手せられたるにて、他の教会に比すれば振はざる」と評している[20]。

一八八七（明治二十）年、フォリーはすでに購入していた弘前の土地に、パリ自然博物館から最初に得た植物採集の謝礼金をあてて、聖堂を建設した。しかしフォリー神父の植物採集の範囲が広がるにつれ、巡回布教に支障をきたすようになり、一八九〇（明治二十三）年からカロン神父とクリストマン神父が青森県と岩手県を担当することになった。一八九一（明治二十四）年のパリ外国宣教会年次報告には「カロン師は第一の責任者であるが今年はここを通り過ぎただけであった」[21]とあり、翌年の報告には「この地区の管理に岩手を合わせているクリスマン師は、歩きまわるべき距離はあまりにも大きく、信徒たちはあまりにも散らばっているので、青森県全体の訪問はやっと一回だけできた」[22]と記されている。いずれも、一人で青森県内を巡回することの難しさを訴えている。

一八九一（明治二十四）年四月、ローマ教皇庁は北日本の教区の区画を整備し、北日本代牧区を北代牧区（東京、関東地方）と函館代牧区（新潟、東北六県、北海道）に分け、さらに六月には代牧の位置づけを止め、それぞれを正式な「司教区」に定めた。函館教区の教区長には、函館教会に赴任していたベルリオーズ神父が選ばれ、司教に叙階された。

一八九七（明治三十）年、体調不良のため一時帰国していたフォリー神父が再来日し、青森の巡回を担当した。そして同年、三本木にピアニック神父が常駐することになり、八戸地区への布教も行った[23]。さらに一八九九（明治三十二）年には、弘前にモンジュ神父が常駐し、翌年弘前教会は、青森県で最初の正式な小教区となった。八戸教会が小教区となったのは、一九一〇（明治四十三）年、三本木教会が一九一一（明治四十四）年である。

明治期における青森県のカトリック宣教は、函館に赴任したパリ外国宣教会の宣教師が訪れ、少数の信者を獲得するところから始まった。カトリックの宣教は基本的に、開港地に建設した教会を拠点に、そこから緩やかに地方の布教、巡回へと向かって行った[24]。しかしパリ外国宣教会の宣教体制は、人数においても資金の面でも十分とは言えなかった。一八七〇（明治三）年の普仏戦争で、フランスがドイツに敗れ、フランス本国からの金銭的援助が少なくなったことも影響している[25]。少数の宣教師が、青森県内に点在する信者の司牧や宣教のために巡回することは、容易なことではなかった。そのため教勢の伸びは緩やかであり、ようやく常駐司祭が派遣され、小教区が誕生したのは、明治の終わりごろである。

## 第四節 ◉ アリヴェ神父のその後

宣教の緩やかな速度は、その受容層においてメソジストとハリストス正教の場合と異なる結果をもたらした。メソジストやハリストス正教が、戊辰戦争の記憶が冷めやらぬ明治初期の、政治や社会活動に強い意欲をもった士族階級たちに浸透していったのに対し、カトリックにはそのような特徴は見られなかった。

明治初期のカトリックは、日本の新しい指導層に対する高等教育を通した社会的な影響力という面で、プロテスタント諸派の活動に後れをとっていた[26]。英米のプロテスタント諸派が、士族階級の青年たちの知的欲求に応え、英語や近代的学問の教育を通して布教を展開したのに対して、もともとローマ・カトリック教会は、ヨーロッパの近代革命が反宗教的な側面を有していたがゆえに、近代化による社会の世俗化に批判的だった[27]。カトリックはむしろ、日本の急激な近代化の陰で取り残された人々や、貧困の子どもに対する慈善活動に熱心だった。パリ外国宣教会の宣教師たちも、日本の近代化、欧化主義を支えるという意識は希薄だった。

先に見た青森県に初めて宣教を目的に派遣されたアリヴェ神父が、弘前で体験した孤軍奮闘と挫折の出来事には、このような明治期のプロテスタントとカトリックの宣教姿勢の相違が背景にあった。

ところがアリヴェの人生には、注目に値する後日談がある。最後にそのことを紹介しよう。

フランスのボルドーで生まれ育ったアリヴェは、宣教師になる以前にフランスの中学で文学を担当する教師を生業としていた。一八七二（明治五）年に教師を辞して宣教師を志し、翌一八七三（明治六）年にパリ外国宣教会の宣教師として日本に赴任した。弘前への赴任はその一年後であり、上述のように約一年間、「陶化学舎」という学校を立ち上げて東奥義塾の勢力に阻まれながら孤軍奮闘し、当地を離れた。実はその後すぐに、アリヴェはパリ外国宣教会を脱会してしまった。一八七六（明治九）年のことである。

宣教師を辞めたアリヴェは、一八七八（明治十一）年に、東京外国語学校のお雇い外国人としてフランス語教師になり、翌年から司法省法学校で教鞭をとった。一八八五（明治十八）年から、東京大学教養学部の前身である東京大学予備門でフランス語、ラテン語、西洋史、哲学などを教えている。多くの教科書や辞書も著し、彼が教えた学生の中からフランスへの留学者も誕生した。一八八六（明治十九）年からは「奏任扱い」、すなわち日本の正式な官吏としての地位を得たという[28]。この頃の東大予備門を巣立った人々は、明治大正日本の政界や学界で活躍するエリートたちであった。アリヴェは宣教師を辞めたが、フランスに帰国せず、日本で教育者として生きる道を選び、近代日本の青年層の育成に生涯を捧げた。

彼は何故、宣教師を辞めたのか。何故、帰国せずに日本で教育者として生きることを選んだのか。アリヴェの履歴を調査した西堀昭氏は、その理由について「日本に来てからの諸々の行動、とりわけ外人教師としての仕事と無関係ではないように思われる」としか触れていない[29]。時系列的に見ると、弘前での挫折の体験が、アリヴェの人生の個人的な転機に影響を与えた一つの要因とは言えないだろうか。

一八八八（明治二十一）年にアリヴェは、日本における教育活動の貢献に対して、勲五等旭日小授章を受けた。さらに一八九六（明治二十九）年には、「ボルドウ府世界博覧会」に東京美術学校から美術品を出品するために多大な尽力をして「予想外ノ好評ヲ博セシメタル」功績が認められ、勲四等瑞宝章を贈られている[30]。日本におけるフランス語教育と日仏文化交流のための彼の貢献は、当時高く評価された。

一九〇二（明治三十五）年五月に、アリヴェは日本で亡くなった。東京での充実した教師生活の間に、彼は弘前で味わった孤独と挫折の記憶を、時折思い出すことがあったであろうか。彼の功績を記念して死後二年目に作られた胸像が、現在も東京大学駒場キャンパスに立っている[31]。

## ▼Endnotes

1 「この小さな旅行団の「団長」は、エドワード・バヴェエーと言ってスイス生まれであるが、今はデンマークの駐日総領事を務めている。まだ三十歳ばかりの彼は、実に大胆な旅行者であり、何よりも大自然の素晴らしい景色を楽しみにしている。このたびまで日本内地において、すでに四十回の大旅行を行っていた。彼の寛大さのおかげで私ごとき貧しい宣教師も、このような面白い旅に参加することが出来た」H・チースリク訳『宣教師の見た明治の頃』（キリシタン文化研究会シリーズ2）昭和四十三年（一〇七 - 一〇八頁）

2 同上（一一二頁）

3 この警備隊長であった人物について後日談がある。内藤というその男は、同伴した東北旅行中、マランの態度の中に他の西洋人とは異なる何かが存在することを察知し、旅行後も連絡を取り続け、一八七三（明治六）年五月にカトリックの洗礼を受けた。同上（一五五 - 一五六）及び、F・マルナス上掲書（四四三頁）を参照。

4 同上（一一五頁）

5 マランの紀行文は、一八七四年にフランス信仰弘布本部の機関紙 *Les Missions Catholiques*, Vol.VI に掲載され、同年にドイツの *Die Katholischen Missionen*, Vol.II、イタリアの *Le Missione Cattoliche*, Vol.III にも載ったのち、一八八〇年にパリで単行本として出版された。邦訳に、H・チースリク氏による『東北紀行（明治5年）―函館から江戸』（上掲『宣教師が見た明治の頃』所収）がある。なお拙論（研究ノート）「青森県におけるカトリック伝道の諸相（1）―J・M・マラン著『東北紀行』をめぐって―」『産業文化研究』第十一号 八戸大学総合研究所 二〇〇二年（一〇三 - 一一二頁）も参照。

6 Isabella L. Bird, *Unbeaten Tracks in Japan*. 訳書に、高畑美代子訳『イザベラ・バード「日本の未踏路」完全補遺』中央公論事業出版 二〇〇八年がある。

7 アリヴェ神父が弘前に来た時期を、小野忠亮『青森県とカトリック』百年史出版委員会発行 一九八二年（三五 - 三六頁）では、一八七四（明治七）年の春ごろと推定しており、上掲『洋学受容と地方の時代』（一二五頁）で北原かな子氏は、「明治7年6月1日」に東奥義塾教師として雇用されたことを外務省記録『外国人雇入鑑（自明治五年）』で確認している。

8 小野忠亮『宣教師・植物学者フォリー神父―明治日本のカトリック北日本宣教―』（キリシタン文化シリーズ十五）キリシタン文化研究会 昭和五十二年

9 同上（三七 - 三八頁）

10 上掲『宣教師・植物学者フォリー神父―明治日本のカトリック北日本宣教―』に、プチジャン司教の次のような報告が記されている。「アリヴェ師が、一人の日本人と結んだ六カ月の仮契約の期限がきたとき、その契約を更新することができなかったが、師と伝道士は、一般の市民に働きかけて、前とは別な人たちと新たな契約をとりつけることに成功した」（七

七頁）

11　上掲『洋学受容と地方の時代』（一二八頁）には、東奥義塾のマクレイがアリヴェ神父について回顧した記述の要旨が記されている。それによるとアリヴェ神父は、「医学的なアドバイス」「英語教授法」「化学」「天文学」等を教え、「滞在を延長するために、ありとあらゆる努力をした」という。

12　上掲『宣教師・植物学者フォリー神父―明治日本のカトリック北日本宣教―』（七八頁）

13　同上（八〇－八一頁）

14　四人が受洗したという説もあるが、実際には受洗者はいなかったと考えられている。上掲『青森県とカトリック』（三九頁）および、上掲『宣教師・植物学者フォリー神父―明治日本のカトリック北日本宣教―』（八三頁）を参照。

15　上掲『青森県とカトリック』（四二－四三頁）

16　上掲『青森県史資料編近現代Ⅰ』（五七六－五七七頁）に、建白書の全文が掲載されている。

17　上掲『宣教師・植物学者フォリー神父―明治日本のカトリック北日本宣教―』（三二－三四頁）

18　同上（一二三－一二六頁）

19　上掲『パリ外国宣教会年次報告Ⅰ(1846～1893)』（一二八頁）

20　上掲『宣教師・植物学者フォリー神父―明治日本のカトリック北日本宣教―』（一一九－一二〇頁）

21　上掲『パリ外国宣教会年次報告Ⅰ(1846～1893)』（二四二頁）

22　同上（三〇五頁）

23　八戸での布教は、一八九七（明治三十）年に二十三日町の三味線師石村作兵衛の自宅二階に伝道所が設置されたことに始まるとされる。上掲『青森県とカトリック』（七七－七六頁）、藤村重實編『八戸地区カトリック宣教百周年記念誌』八戸地区カトリック宣教百周年記念誌実行委員会発行 平成九年（一五頁）を参照。

24　「代牧区の人員は、一人の司教と通商のために開かれたすべての港に散在する14人のヨーロッパ人宣教師とからなっている。これらの港に少しずつ、教会や学校が建てられていくので、県の内部に入ってゆくことが許されるようになれば、宣教師にとって、活動の中心とするに役立つであろう」上掲『パリ外国宣教会年次報告Ⅰ（1846～1893）』（三五頁）

25　「明治の初め数年間、カトリック宣教師は食に窮した武士の子らを受け入れ、一種の慈善事業としてその生活の世話をもみていたが、彼らの心が現世的立身出世に傾いていて、彼らから教会に対する忠誠を求めることが容易でない上に、明治三年にフランスがドイツに敗れて従来程大きな経済的援助を祖国から期待できなくなったこと、ならびに日本国内での打ち続く各種の災難で宣教資金に窮乏を感じ始めたこと、などの理由も重なり、まもなく青年学生布教にはあまり興味を示さなくなった」青山玄 上掲「幕末明治のカトリック布教の性格」（六五－六六頁）

26　明治初期のカトリックがまったく教育事業に携わらなかったわけではない。一八六八（明治元）年にマラン神父は、東京築地の借家で外国語学校を開いている。この塾は「マリン塾」と呼ばれ、後に総理大臣にまで上り詰めた原敬が、ここで学びカトリックの洗礼を受けている。原の入信については、福田和也『大宰相・原敬』ＰＨＰ研究所 二〇一三年（七〇‐八一頁）に詳しい。しかし、マランはやがて、青年層への教育に消極的になったとされる。「明治八年一月一四日付でマラン神父が築地から書いた書簡には、青年学生布教に対する否定的見解が述べられ、サン・モール修道女会のなしているような育児事業で、収容した子どもの両親と関係を深め、家族の中へキリスト教を持ち込む布教法の長所が強調されている」青山玄 上掲論文（六六頁）

27 一八七五（明治八）年のパリ外国宣教会の年報には、「プティジャン司教の最近の報告書の中で、福音宣教の新しい妨害が指摘されているのを見る。それは今日人々が理解している意味でのいわゆる「進歩」の不幸な影響である。公立学校にしろ、ヨーロッパで勉強してきた日本人たちの開設した私立学校にしろ、唯物主義、無神論主義、不道徳を生み出すことしか期待されえない」とあり、近代化をカトリック宣教の妨害要因とする認識が見られる。上掲『パリ外国宣教会年次報告Ⅰ（1846~1893)』（三八頁）

28 アリヴェの日本での教育活動については、西堀昭『増訂版 日仏文化交流史の研究』駿河台出版社 一九八八年（四八五‐四八六頁）を参照。なお、アリヴェの著作には『仏語学簡易ノ訳文論』『和仏会話捷径』『仏和辞典』等がある（同上 四八九‐四九四頁）

29 西堀昭 上掲書（四八四‐四八五頁）また、小泉順也「銅像と写真に刻まれた駒場の記憶 アルチュール・アリヴェと第一高等学校」『技術報告書』四号 東京大学生産技術研究所技術発表会実行委員会 二〇〇八年では、明治三十六年の第一高等学校の卒業記念写真に写るアリヴェの肖像写真と、三十七年の卒業記念写真に写るアリヴェの胸像に着目し、アリヴェの教育活動を振り返っている。同論文ではアリヴェが宣教師を辞めた理由を「「教皇権至上主義的教義」は無批判で受け入れることは困難であるとして、3年後に宣教活動を離れ、パリ外国宣教会も脱会してしまう」（二七頁）としている。典拠は不明である。

30 西堀昭 上掲書（四九四‐四九五頁）

31 アリヴェの胸像は、もともと第一高等学校のあった弥生キャンパス（現在の東京大学農学部）に置かれたが、設置場所には紆余曲折があったようである。「明治時代に旧制一高の教壇に立った外国人教師二名（フランス人アリヴェ先生、ドイツ人プッチール先生）の胸像（弥生キャンパスに建てられ、一高の駒場移転とともに移設されていたもの。東大紛争時に壊破されるのを避けて、一時長野県に移してあった。）が、今回、駒場ファカルティハウスの中庭に再建されたことを記念して除幕式を行った」『学内広報 No.1292』東京大学広報委員会 二〇〇四年年六月九日発行（三頁）および小泉順也 上掲論文も参照。

# 第三部　青森飢饉とウェストン

# 第九章　青森におけるウェストンへの顕彰

## 第一節 ◉ 青森ウェストン祭

青森県三戸郡の新郷村では、毎年七月第一日曜日に「青森ウェストン祭」という催しを開いている。筆者は、二〇一二年七月一日に開催された「第二十回青森ウェストン祭」に参加する機会を得た。会場となった新郷村の戸来山登山口に程近い平子沢水と緑の森広場には、御影石造りのウェストン謝恩碑があり[1]、碑に向かって、献花台が供えられている。初夏らしい太陽が照りつける中、テントの下に参列者用のイスが並んでいる。

はじめに新郷村体育協会山岳部部長の開会の辞が述べられ、村立戸来小学校の三ッ嶽緑の少年団の子どもたちが、イギリスと日本の国旗及び新郷村の村旗を掲揚し、村民憲章を唱和した。全員で黙祷の後、村長あいさつ、県三八地域県民局長、村議会議長、（社）日本山岳会青森支部支部長、青森県山岳連盟会長の祝辞と続いた。最後に参列者は、献花台に向かって並び、献花をする。その間、八戸山友会やまびこコーラスクラブの方々により、「雪山賛歌」続いて「ウォルター・ウェストン師に捧げる歌」が斉唱され、村観光協会会長による閉会の辞で閉じられた。終了後、会場のテントは片付けられ、希望者のみが戸来岳登山に向かった。これが筆者が初めて目にした「青森ウェストン祭」であった。

ウォルター・ウェストンは、一八八八（明治二十一）年に、イギリスの聖公会の宣教師、教会司牧者として初来日してから、明治大正にかけて三度日本を訪れ、期間にして計十一年余り日本に滞在した。多くの人にとって、ウェストンの名は、キリスト教聖職者としてよりも、富士山や日本アルプス等、日本山岳地での登山を実践し、その記録をヨーロッパに紹介した功労者としてなじみが深いであろう。おそらく、登山家としてのウェストン像を伝える最もポピュラーな催しは、毎年六月、穂高連峰、槍ヶ岳方面の登山口で梓川や大正池を愛でる観光地でもある上高地において、日本山岳会の主催で行われる山開きの行事「ウェストン祭」である[2]。

宣教師という本来の仕事よりも、登山家としての知名度が高い原因は、近代登山に馴染みがなかった当時の日本におけるウェストンの突出した登山活動と日本山岳地帯を紹介した文筆活動にある。岳人ウェストンの人気は非常に高く、上高地のレリーフを含むウェストン顕彰記念物は、日本各地に散在する[3]。彼の足跡が残る地の自治体が、その人気にあやかり、観光資源に活用している面もある。

他方で、登山活動とは異なる顔も一部で再評価されている。凶作により飢餓に陥った青森県の窮民の救済に尽力した人物として注目し、その功績を「謝恩」の精神で伝え残そうとしている新郷村の「青森ウェストン祭」は、日本の数あるウェストン記念の中で異色の存在といってよいだろう。「青森ウェストン祭」の式次第には、「基本精神」が次のように記されている。

> わが国の山々を世界に紹介し、各地で近代登山の手ほどきをし、そして「日本アルプス」の命名者として知られる外国人宣教師ウォルター・ウェストンが青森県を訪れたのは明治36年3月でした。その前年、県内は大飢饉に見舞われ、特に県南地方の被害が著しく、これを知ったウェストンら在日外国人たちが「青森飢饉救援基金」の設立に立ちあがり、広く外国にも募金を呼びかける運動を展開します。
>
> 青森県に入ったウェストンは被災者を見舞い、救援物資米、みそ、毛布を被災者に届けるため、明治36年3月4日、尻内から五戸経由で戸来に向かい、2日間に渡り農民の惨状を視察して救援物資を配布したのでした。
>
> これらの記録は新郷村にも残されておらず、長い間、忘れ去られていたのですが、近時になり、このことが世に紹介されるようになりました。私たちはウェストン氏をしのび、その功績をたたえるとともに、山岳遭難者を悼みつつウェストン師が愛した登山の安全を祈るため、青森ウェストン祭を開催するものです。

「これらの記録は…忘れさられていた」が「近時になり…世に紹介される」とあるように、出来事の詳細については既に充実した先行研究がある。その最も重要な貢献は、ウェストン研究家三井嘉雄氏による『ウォルター・ウェストン 陸奥を歩く 明治三十六年の青森飢餓救援』[4]と『ウォルター・ウェストン未刊行著作集上下巻』[5]、とりわけ青森県の飢餓救済のための現地調査に関する管財人との電報や手紙のやり取りが訳出された「上巻」である。実は、「青森ウェストン祭」が行われるようになった契機も、三井氏のウェストン研究と無縁ではない。

## 第二節◉戸来家の顕彰活動

明治三十六年の青森飢饉の詳細については後述するが、飢饉の際に、立地と交通条件が悪く、最も困窮している地域と見られたのは、上北郡の戸来村であった。救済活動に携わったウェストン一行も、五戸からの長い道のりを「過去に経験したこともない苦闘を三時間半も続け」てこの村を訪問している。ウェストンは村の窮状を視察し、「類を見ないこの谷の貧困は本物」と表現している[6]。

このとき戸来村を訪れたウェストンは、旅館ではなく「戸来家」に宿泊しており、その様子がウェストンの報告書に、短く次のように描かれている。宿泊したのは三月四日のことである。

戸来では金ヶ沢【カネガサワ】郵便局の局長〔戸来喜代治。前・戸来村村長〕が、親切にも私を一晩泊めてくれた。だれにも卑屈さがなく心から喜んでくれるので、このような遠征につき物のいやなことも帳消しになる。夕食にかかろうとしていた矢先、谷間の小学校【ショーガッコー】〔戸来尋常高等小学校〕の先生二人と前の村長の来訪が告げられた。先生方の話の要点は、児童たちが食べ物にひどく困っているため、登校するのは三分の二で、残りは昼に持ってくる物にも事欠いているということだった。[7]

翌日の視察後にまた「金ヶ沢郵便局に戻り、着替えと軽い腹ごしらえ」をしたことも記されている。[8]上記の報告からは、戸来家でのもてなしにより、ウェストンが過酷な旅と惨状視察の疲労にありながら、ずいぶんとリラックスできたことが伝わってくる。ここに登場する「戸来喜代治」とは、戸来村の元村長で、当時は郵便局長であるとともに造り酒屋を経営していた村の名士である。

戸来村は町村合併促進法によって一九五五（昭和三十）年から翌年にかけて、野沢村西越区域と合併、五戸町から一部地域を編入し、現在の新郷村となった。現在、「青森ウェストン祭」は新郷村が主催しているが、もともとのルーツはウェストンが宿泊した戸来家関係者、すなわち戸来喜代治氏の孫夫妻である吉田彌氏と吉田従さんの尽力で立ち上げられ、やがて現行の形に引き継がれたのである。

二〇一二年七月、戸来家を守る吉田従さんにお会いし、夫の彌氏とともに辿った「青森ウェストン祭」立ち上げに至る経緯や、ウェストン宿泊の際、十一歳の少年だった父上の牧人氏から伝え聞いた若干のエピソードについて伺う機会を得た。

従さんによると、祖父戸来喜代治氏は、ウェストンが青森を訪れる一年前に村長を辞し、郵便局を開業し局長となった。当時の村長職は名誉職で給与もなく、私費で奉仕していたという。喜代治氏には七人の子がいた。子どもたちが東京の大学に出て教育費がかさむことから、造り酒屋のほか郵便局を開業したという。ウェストンが村の名士喜代治氏の家に宿泊したのは、「昔だから食糧を一年分から三年分保管していた」ので、周囲に比べれば困窮していなかったこと、旅館よりも村の様子をよく知ることができたからであろうと従さんは推測している。

郵便局は喜代治氏の息子である牧人氏が引き継いだ。宇樽部や遠く十和田まで郵便物を配達していたという。配達人が毎日一台ずつ自転車を壊してくるため、父上がいつも怒っていたことを従さんは覚えている。ウェストンが来る前年の一月、青森県の八甲田山系で、有名な雪中行軍の遭難が起こっている。従さんが父上から聞いた話では、このとき帰還した兵隊四人程が戸来家に宿泊したという。巻き脚絆を全部ほどいてどんどん火を焚いて乾かしたという。宇樽部から迷ヶ平を経て戸来まで来たというから、弘前第三十一連隊の兵隊であろう。

ある時日本山岳会の三井氏から「戸来郵便局長様宛」に手紙が送られて来た。従さんの父上が御存命中のことである。その手紙はウェストンについて尋ねたもので、父上のもとに届けられた。ウェストンが家に宿泊したとき十一歳だった父上が、ウェストンについて記憶しており「ああ外人さんが来て泊ってったんだ」と語った。後に三井氏が、ウェストンのアドレス帳に「戸来喜代治」の名を確認したという。

父上のウェストン来訪に関する記憶は、次のとおりである。当時家にあった二つの神棚に、ウェストンが非常に興味をもち、喜代治氏が一生懸命説明していた。また、ウェストンが巻き煙草を飲んでいたが、家に灰皿がなかったため、結局高価な輪島塗のお盆を差し出し、灰皿がわりにつかってもらったという。そのお盆が戸来家に残っており、見せていただいた。赤く丸いお盆の隅に、黒い焦げ跡が残っていた。少年だった父上は、ウェストンから缶詰をもらったという。また、ウェストンが就寝する際には、敷布団を十枚くらい重ねて寝かせたそうである。

手紙を契機に彌氏と従さんは、ウェストン研究家三井氏との交流が始まり、ウェストン縁の地を積極的に訪ねることになった[9]。横浜の教会等国内にとどまらず、イギリスにも三回旅行したという。ウェストンの青森での事績が明らかになるにつれ、彌氏は精力的に顕彰の活動に取り組んだ。新郷村に陳情するとともに、彌氏は日本山岳会の青森支部の設立に奔走した。自宅の庭にウェストン顕彰のレリーフを埋めた石碑をつくり、「W・ウェストン友の会」を設立、一九九二（平成四）年十月十日に「第一回青森ウェストン祭」を開催した。日本山岳会青森支部の設立と重なり、遠来の参加者もあったとのことである。戸来家の庭のレリーフは、イギリスの王立記念館にもおさめたられているという。青森ウェストン祭で現在も歌われる「ウォルター・ウェストン師に捧げる歌」は、彌氏と従さんが武蔵野音楽大学教授等に依頼し、作詞作曲されたものである[10]。また、戸来家の庭には「W・ウェストン友の会」の活動を伝えるため日本語と英語で「誓いのことば」を記した看板が立っている[11]。

一九九五（平成七）年には、喜ばしい出来事があった。イギリスのダービーにあるウェストンの生家の庭にあった石が、駐英日本大使館を通して戸来家に届けられたのである[12]。同年行われた第四回青森ウェストン祭には、イギリス大使を招待したが警備の問題があり、一等書記官コブラン氏が参列した。村では小学生が英国旗を振るなど歓迎した。このことから戸来家の庭には、ジョン・ボイド駐日英国大使の一九九五年五月二十八日付のメッセージ[13]を記したプレートを埋めた石碑も並ぶようになった。

戸来家の庭には、さらに二つの石碑がある。ひとつは青森ウェストン祭開催に際し日本山岳会第十六代会長山田二郎氏より送られたプレートが埋められた碑[14]である。もうひとつの石碑には彌氏が亡くなって数年後に、従さんが作ったプレートが埋められている。「ともにいのちかがやく世界へ」と刻まれている。二〇〇五年に亡くなった彌氏がよく話していたメッセージで、従さんが大好きな言葉であるという。「青森のウェストン」顕彰の精神とも言えるだろう。

第九回[15]まで戸来家の庭での開催が続き、第十回（二〇〇一年）から平子沢水と緑の森に新郷村が建立したウェストン謝恩碑のある広場において村主催の公的な催しとなり、現在に至っている[16]。

## ▼Endnotes

1　謝恩碑には「明治35年旧戸来村（現、新郷村）は、大飢饉に襲われた。それを知ったウェストンは食糧や毛布等の救援物資を配給慰問した。偉大な登山家としても知られるウェストンへの感謝の意を表わすため、ここに謝恩碑を建立する。」と刻まれている。また、謝恩碑の左隣にも碑があり、ジョン・ボイド駐日英国大使（一九九五年五月当時）のメッセージ付きプレートが埋め込まれている。メッセージは次のとおりである。「ウェストン祭の開催にあたり、新郷村の関係各位ならびに村民の皆様に心よりご挨拶申し上げます。約１００年も前にウォルター・ウェストンが行なった慈善の行いが、今日もこのように愛情と感謝の念をもって記憶され続けているということに対し、駐日英国大使として大いなる喜びを覚えるところであります。日本と英国がこのように質の高い友好関係を維持しているのは、まさにウェストンのような英国人パイオニアたち、ならびに日本の先人たちのご努力の賜といえます。ウェストン祭の開催が日英国民一人一人の親善と交流に多大なる貢献をなすものとなるであろうことを信じて止みません。」

2　上高地のレリーフは、一九三七（昭和十二）年、ウェストンが日本政府から勲四等瑞宝章が授与された記念に日本山岳会――ウェストンが二度目の日本滞在から帰国する一九〇五（明治三十八）年に、設立を提唱――によって作成、設置された。当時の日本山岳会会長小暮理太郎への礼状に「ご丁寧なお手紙とともに、私の記念にと上高地【カミコーチ】に建てて頂いた銅の銘板の写真を頂いたのはだいぶ前のことになりますが、すぐに返事を差し上げましたかどうか、記憶が定かでありません。お手紙も写真も身にあまる光栄であり、また日本山岳会の旧友の友情と愛情の賜物であると、心から感謝申し上げます。旧友の腕前［会員の佐藤久一朗がレリーフの原型を彫刻］を高く評価いたします。」（三井嘉雄訳『ウォルター・ウェストン未刊行著作集上巻』郷土出版社一九九九年（三一〇頁）とあることから、レリーフの設置や図柄をウェストン自身が知らされていたことがわかる。上高地のレリーフ及び顕彰プレートのその後については、田畑慎一『知られざるW・ウェストン』信濃毎日新聞社二〇〇一年（二六‐三二頁）に詳しい。

3　田畑慎一 上掲書（九八頁）によるとウェストン顕彰記念物は最も多い長野県（十箇所）を含む、全国十五箇所に存在する。なお同書では青森県新郷村を「ウェストン碑が、日本で一番たくさんある村」（村が一基、個人が二基設置）として、飢饉救済の出来事を紹介している（九四‐九八頁）。

4　三井嘉雄『ウォルター・ウェストン 陸奥を歩く 明治三十六年の青森飢餓救援』戸来彌、新郷村役場 一九九二年

5　三井嘉雄 上掲訳書（上・下巻とも郷土出版社 一九九九年）

6　三井嘉雄 上掲訳書（上巻、二二九‐二三一頁）

7　同上（上巻、二二九頁）

8　同上（上巻、二三〇頁）

9　従さんのお話では、彌氏と従さんが集めたウェストンに関する諸々の資料は後にウェストン研究家の三井氏のもとに送られ、それらは常念岳の麓の「ウェストン記念館」に届けられたという。

10　歌の録音されたCDが制作されている。CDジャケット裏面には戸来家の庭の顕彰碑に献花する子どもの写真があり「歌1：岡田徹郎 歌2：暁星小学校聖歌隊 指揮：蓮沼雄一 作曲：水野昭太郎 作詞：水野節子」と記されている。歌詞の三番には「今も戸来家の屋敷に顕彰の碑が 愛と奉仕の心をたたえて建立ぬ」というフレーズがある。当初は白菊（現八戸聖ウルスラ学院）のコーラス隊が歌っていたとのことである。現在は、八戸山友会やまびこコーラスクラブが、青森ウェストン祭の朝に戸来家の庭の顕彰碑を訪れて歌うとともに、村主催の式典で歌を披露している。

11　次のように記されている。〈「青森ウェストンの会」誓いのことば（はじめに）「ウェストン友の会」は1992年10月第一回青森ウェストン祭開催を機に発足以来、今日まで地道な活動であるが、次の2点をながく後世に伝え、折角芽生えた扶け合いの輪をこれからも大切にして、一人でも多くの皆さまと更に大きな輪をひろげて行き、明るい社会づくりに貢献したいと希い根気強く歩き続けています。誓いの言葉1［在日外国人の方々が飢饉の際、差しのべられた温い手にこたえて］

「自然がもたらした凶作の悲惨さを後世に伝える」と共に「国境を越えて、ウェストン一行が示した人間愛」に心から感謝の誠を捧げ、私どもは国の内外を問わず、困っている人々に今度は温い手を差しのべ、扶け合いの輪を拡げていくことを誓います。誓いの言葉2〔救援活動に献身されたW・ウェストン師が世界的な登山家であっただけに、山麓の村人として手伝い出来ることは、〕わが国に登山熱の昂揚と登山家の育成・日本山岳会の誕生など、多大な貢献をされたウォルター・ウェストン氏は、登山活動だけでなく、困っている人々に対しても救援活動の面で山男の美しい一面を示し、このたび顕彰されました。明治35年といえば、私どもは雪中行軍遭難の悲しい思い出を飢饉と前後してもっています。八甲田の連山に接する山麓の村人として、最近話題の高齢者安全登山の啓蒙やあまた自然環境問題にお役にたちたいとおもい取組みます。〉

12　従さんによると、彌氏はこの石が届くのをことのほか楽しみにしていたという。新聞では次のように紹介されている。「本県の〝御人〟ウェストン師ゆかりの品新郷に　…中略…ウェストン師の生家はダービー市にあり、現在の住人はI・J・ローソンという医師。「現地にあるウェストン師ゆかりの品を入手したい」という戸来さんの意向をくみ、ウェストン研究家の三井嘉雄さんが、在連合王国日本大使館の竹内晴久所長を通してローソン医師に持ち掛けた。ローソン医師は「こういう形で日英友好のお役に立てば幸いだ」とし、庭にあったグラナイトという石（ダービーシャー産出）の譲渡を快諾した。全体に白っぽいこの庭石は高さ約二十チセン、幅約二十五チセンの大きさ。…後略」（『東奥日報』一九九五年三月三十一日付）

13　メッセージは次のとおり。「今から100年もの昔、ご当地を訪問し、慈善を行ったウォルター・ウェストンを称えるべく、「W・ウェストン友の会」の皆様がなされているご努力に対し、心より敬意を表します。青森県と英国の間に既に存在しております友好関係をより一層促進されようとしている「W・ウェストン友の会」の今後の事業が、ますます発展しますよう心より祈念いたします。」なお、この時合わせて駐日大使から新郷村に向けてメッセージをもらい、それが謝恩碑の隣の石碑に埋められている。

14　ナムチャバルワ南稜と西北西稜の絵を背景に「命を大切にしよう 仲間を大切にしよう 自然を大切にしよう」と記されている。

15　第九回の開催の告知記事が『デーリー東北』紙（二〇〇〇年五月十五日付）に掲載されており、青森大学教授の末永洋一氏が来賓であることが紹介されている。青森県史編纂に携わる末永氏は前年に『読売新聞』「日曜随想」欄（一九九九年九月六日付）に、青森でのウェストンの事績を記している。

16　戸来家と新郷村における青森でのウェストン顕彰活動について、『デーリー東北』紙（二〇〇八年四月二十日付）の「息づくふるさと3」欄で、従さんと顕彰碑の写真入りで紹介されている。

# 第十章　ウェストンの生涯

## 第一節 ◉ 日本との出会い

ウォルター・ウェストンは、一八六一年にイギリスのダービーで、工場経営者ジョン・ウェストンの六男として生まれた。十五歳のときダービー校に入学、一八八〇年にケンブリッジのクレア・カレッジに入学し、一八八三年に卒業後すぐにリドレーホール神学校に入学し、聖職者をめざした。

周知の通りイギリスのキリスト教は、宗教改革時代の一五三四年、国王ヘンリー八世の首長令によってローマ・カトリックから離れ、国王を首長とする英国国教会（Church of England）となった。英国国教会はイギリスの植民地政策などにより世界中に広がるが、国家を越えて聖座（ローマ教皇庁）の裁治でつながっているカトリックと異なり、国ごとの単位で「聖公会」（Anglican Church）としての自治を行っている。本書第五章で見たように、日本では「日本聖公会」が、ウェストン初来日の年の前年一八八七（明治二十）年に創設されている[1]。

学業を終えたウェストンは、一八八五年にレディングのセント・ジョンズ教会の司祭補となる。翌一八八六年、同じく聖職者となった兄のロバートとヨーロッパ・アルプスにてマッターホルン、ブライトホルンに登頂、一八八七年にもベッターホルン、マッターホルンに登頂し、本格的な登山経験を積んだ。

一八八八（明治二十一）年春、教会宣教協会（CMS）が派遣した宣教師として初来日する。二月にロンドンを出発し、三月末に長崎、四月に神戸に入港し、最初の半年は大阪の川口居留地で日本語を学んだ。十月に熊本へ行き、聖十字教会を拠点にさらに日本語の学習に臨んだ。ところが、熊本での教会付の宣教師という役割は、ウェストンの望むところではなかった。

ウェストンが来日することになった経緯については、三井氏がバーミンガム大学図書館に保管されているCMSの文書やウェストンの手紙を調査して、明らかにしている[2]。それによると、ウェストンは日本で大学の教員を務めるという話で来日したが、実際には教員の口はなかった。ウェストンはCMS関係者に宛てた手紙で、「これには驚きました。なぜなら私の任務は、今や学生の数が急増している大学に関わるものと固く信じておりました」[3]として、当初の希望どおり教育職につけてもらうよう再三願い出ている。

このような事情に加え、眼病の治療や婚約の解消なども重なり、熊本に赴任したウェストンは、地に足を付けて日本語学習や宣教活動を行わなかったようである。そして翌一八八九（明治二十二）年の十二月には、神戸の居住地にあったプロテスタント諸教派共用の教会ユニオン・チャーチで、聖公会のチャプレンとなり、年が明けた一八九〇（明治二十三年）年一月にはCMSを辞任してしまった。ウェストンは手紙のなかで、目の治療に励んでいるが右目は完全に視力を失い、視力の落ちている左目を読み物等で酷使しないで大事にするよう医師から言われていることから、日本語の勉強や教育職には負担のある身であることを、辞任の理由として挙げている[4]。

司祭の仕事には、一般に宣教と司牧がある。宣教は未だキリスト教を知らぬ人々への布教、司牧は典礼等の儀礼を行い信者である人々を教導することである。ウェストンは、最初の来日では宣教師であったが途中辞任し、神戸で司牧担当のチャプレンとなったわけである。神戸滞在中、外国人向けの病院である兵庫国際病院の管理委員にもなっている。

宣教師を辞めた頃のウェストンは、同時に日本での生活に親しみを懐き始めてもいる。一八八九(明治二十二)年五月の手紙では、「日本や日本人に対する興味が、日毎に高まっています」[5]と記している。とりわけこの後のウェストンは、登山旅行を通して日本の近代化されていない地方とそこに生きる人々の魅力に引き込まれていく。

ウェストンが日本で本格的な登山を始めたのは、一八九一(明治二十四)年である。ひとつの契機は、箱根で会ったバジル・ホール・チェンバレンから北アルプス登山を勧められたことである。チェンバレンは一八七三(明治六)年にお雇い外国人として来日したイギリス人で、のちに東京帝国大学教師も務めた日本研究者であり、『古事記』の英訳でも知られている。この年の夏、山陽鉄道会社の顧問技師H・W・ベルチャーという仲間を得て、浅間山、槍ケ岳(登頂ならず)、御嶽山、木曽駒ケ岳、富士山を登っている。一八九四(明治二十七)年に帰国するまでの四年間は毎年欠かさずに精力的に登山に臨んだ。一八九三(明治二十六)年に由緒あるイギリスのアルパイン・クラブに入会している。

この一回目の滞日期間に、後の青森飢饉救済の活躍を思わせるような出来事があった。一八九一年(明治二十四）年に岐阜県で濃尾地震があり、ウェストンは神戸から救援物資を届けに駆けつけた[6]。助けを求める人々の存在に居ても立ってもいられない生来の性分が、ウェストン自身に備わっていたのかもしれない。後にウェストンはイギリス「タイムズ」紙に、当時の地震と一八九六（明治二十九）年の三陸大津波の被害の様子を記している[7]。

　帰国後はロンドンのミッション・トゥ・シーメン副司祭、一八九七年からはウィンブルドンのクライスト・チャーチ副司祭を務めつつ、アイガーやユングフラウ、メンヒなどスイスアルプスで登山をしている。『日本アルプスの登山と探検』（一八九六年）の出版もこの帰国時のことである。

## 第二節 ◉ 山と信仰

　二回目の来日は一九〇二（明治三十五）年である。来日直前にフランシス・エミリー[8]と結婚式を挙げ、夫婦での来日であった。今回は海外福音伝道協会（ＳＰＧ）の宣教師派遣に応募して、横浜の聖アンデレ教会司祭として赴任している。面白いことに、日本に派遣される宣教師がウェストンに決まったことについて、日本聖公会のオードレイ主教がＳＰＧの本部に宛てて、彼が「伝道よりも登山のことを語ることが多」く、休暇を多くとるため「神戸の英国人会衆にも不満」があったことを漏らしたというエピソードがある[9]。

確かに再び来日した翌月には、夫人とともに早々に富士山に登っている。一九〇五（明治三十八）年に帰国するまでの約三年間に、北岳、甲斐駒ケ岳、間ノ岳、仙丈ケ岳、妙高、戸隠山、八ヶ岳などで登山をしている。鳳凰山では、ロープ技術を駆使して地蔵仏を初登攀したエピソードもある。

この二回目の日本滞在時に、日本人の登山家との交流も深まり、日本山岳会創立を提唱し[10]、明治天皇に『日本アルプス登山と探検』と風景写真を献上している。オードレイ主教の心配は的中したのだろうか。単純にそうとはいえないようである。

二回目の来日は、居留地の外国人の司牧ではなく、聖アンデレ教会での日本人信者への宣教司牧であった。この教会は立地条件が悪く、建物も老朽化していることから、移転して新築することが急務であった。このための資金集めに、ウェストンが奔走したことが知られている。

またウェストンは、聖アンデレ教会で月に二回は日本語で説教をするなど、信者の教導に努めた。ウェストン夫人が日曜学校に奉仕したことから、子どもたちの教育にも成果があったという。

ウェストンの尽力が実を結び、念願の移転新築は一九〇五（明治三十八）年に果たされ、三月に新しい教会の献堂式が執り行われた。同月末、ウェストン夫妻は帰国の途についた。登山だけにうつつを抜かしていたわけではないことは、評価されて然るべきであろう[11]。なお、一九〇三（明治三十六）年の青森飢饉救済の活動も、この二回目の来日中の出来事である。

帰国後、ウェストンはユーウェルのセントメアリー教会司祭に就く。六年後に三度目の来日を果たすまでに、ロンドン日本協会に入会し、日本山岳会初の名誉会員に就任している。そしてやはり、スイスアルプスで多くの峰に登頂している。この帰国中には、日本について英語圏に紹介するだけでなく、日本の新聞にも文章をよせている[12]。

一九一一（明治四十四）年、ウェストンは夫人ともに日本を再訪した。ウェストンにとって三度目の来日で、今度は横浜のクライスト・チャーチのチャプレンという立場である。一九一五（大正四）年に帰国するまで、妙義山、有明山、燕岳、槍ヶ岳、奥穂高岳、霞沢岳、白馬岳、立山、針ノ木峠、焼岳、大天井岳、富士山で登山をしている。

ところで、帰国直前のウェストンが一九一四（大正三）年十一月七日に横浜文芸音楽協会で「山の魅惑」と題した講演を行っており、内容が「ジャパン・ガゼット」紙に掲載されている[13]。ウェストンはこの講演で、「無理を承知で難題に取り組む」と前置きした上で、「登山家としての信念やら信条について、限られた時間の中で簡潔に告白し、弁明したい」と述べている。興味深いことに、講演では聖書が引用され、「ユダヤ人の詩」と「わが救世主」すなわち福音書のイエスに見られる山のイメージを比較している。ウェストンの信仰と山への思いとの関係について、垣間見ることができる箇所である。

まず「ユダヤ人の詩には、山は敵の侵略から護ってくれる神の力、すなわち、ダイティ〔ユダヤの神〕の威厳と威力の象徴そのものであると表現されていることが分かる。山の美しさについて、ほとんど何も伝えていない。」として四行の『詩編』の句を例示している。

「目を上げて私は山を仰ぐ。私の助けはそこから来る。」

「山は人々に平和をもたらす。丘は人々に正義をもたらす。」

「山がエルサレムを包むように、主は人々を包む」

「正義は力強い山の如く立つ。」[14]

次にイエスは、「ガリラヤの故郷で山を愛することを学ばれ」た。イエスにとって山は「父なる神との交わりを深め」、「安らぎを求め」る場、そこで「日ごろの緊張を癒して次への活力を得ようとされたに違いない」とし、主の変容と昇天の出来事が山を舞台にしていたことも付け加えている[15]。「神の威厳を象徴する山」と「癒しと安らぎの場である山」――ユダヤ教とキリスト教の信仰構造において「山」の意味するところを比較考察しており、大変興味深い。ただここでは、ウェストンが具体的に『詩編』の文句を引用していることに着目したい。旧約聖書の『詩編』(Psalm)は百五十編からなる膨大な詩であるが、主日の礼拝や日々の祈祷など日常的な祈りに用いられている。上記の四カ所はすべて異なる章の文句であり、順序もばらばらであることから[16]、ウェストンが思いつくままに挙げたと推察される。「山」に対応する『詩編』の文句が次々に思い浮かぶのは、ウェストンが山に登ることと自らの信仰の結びつきについて、日頃の祈りを通して黙想していたことを示しているように思われる。

三回目の日本滞在を終えて帰国したウェストンは、一九一七年に王立地学協会から日本アルプス探検の功績が認められバック・グラントを受賞、『極東の遊歩場』(一九一八年)、『知られざる日本を旅して』(一九二五年)、『日本』(一九二六年)など日本を紹介する書籍を次々に出版している。一九二六年には、日本から訪れた秩父宮のスイスでの登山に協力している。

一九三七年にフランシス夫人が亡くなる。同年、日本から勲四等瑞宝章が贈られた。一九三九年スイスに赴く[17]が、ヨーロッパ大陸での世界大戦のためイギリスへ帰国し、翌一九四〇年三月、脳溢血により七十八歳の生涯を閉じた。

## ▼Endnotes

1 日本聖公会管区事務所 Web Site（http://www.nskk.org/province/seikoukai.html）を参照。日本では一八五九（安政六）年に米国聖公会から宣教師二名が渡来、キリスト教解禁後は英国、カナダ聖公会の宣教師団も伝道に加わり、一八八七（明治二十）年に「日本聖公会」が創設された。

2 三井嘉雄「W・ウェストン、初めての日本—その来日の事情前編」『山と渓谷』七六二号 山と渓谷社 一九九九年（一七五-一七九）、「W・ウェストン、初めての日本—その来日の事情前編」同上七六三号（一八九-一九三頁）

3 同上（前編）に掲載された三井氏訳によるウェストンの一八八八（明治二十一）年四月三日付の手紙（一七六頁）

4 同上（後編）で紹介される一八八九（明治二十二）年十月二十日付の手紙に、次のように記されている。「難しい言葉を勉強するだけでも、文字の習得などなおさら負担が重すぎて、私の視力では追随できませんし、学校関係の任務はさらに視力が必要でしょう。有能な人はほかに大勢いますから、その人たちの就くべき任務にしがみつきたくありません。与えられた任務も果たせないのに、協会の資金に依存するのも潔しとしません。したがいまして、この書状は私の宣教師としての身分、協会との公的関係からの辞表として受理して頂けませんでしょうか」（一九二頁）

5 同上（後編）の一八八九（明治二十二）年五月十六日付の手紙（一九一頁）

6 ウェストン／青木枝朗訳『日本アルプスの登山と探検』一九九七年 岩波書店（八三頁）には、濃尾地震に際して友人とともに救援物資を届け、岐阜付近の村の臨時病院を巡回したことが記されている。

7 三井嘉雄 上掲訳書（下巻、一七七頁）にタイムズ紙一九二三年九月十日の記事が次のように訳出されている。「一八九一年に日本を襲った地震［濃尾地震］により、私もその地震を現地で経験したのだが、一〇、〇〇〇人以上の人が生命を失い、二五〇、〇〇〇人が家を失った。岐阜【ギフ】に近い大垣【オーガキ】の例では、大寺院に集まっていた四〇〇人の信者が全滅し、玄関には戻らぬ主を待つ履物が何足も残されていた。続いて起こった北太平洋沿岸の津波によって、二七、〇〇〇を超える生命が奪われた。釣り船は海岸沿いの村々の裏道に打ち上げられ、また砂浜の松林の中に安息の地を求めたものもあった。」

8　フランシス・エミリーは、英国の鉄道建設や聖堂修復で一代限りの貴族となったフランシス・フォックスの娘としてヨークシャーで生まれた。ウェストンとはスイスアルプスで出会ったらしく、夫人自身も登山家であった。ある写真から夫人が戸隠山を登っていることが判明したことから、戸隠村では記念碑が建てられ「ミセス・ウェストン祭」が開催されている。ウェストン夫人については、田畑真一 上掲書（六〇‐七五頁）に詳しい。

9　山村基毅『はじめの日本アルプス 嘉門自とウェストンと館潔彦と』バジリコ株式会社 二〇〇八年（一六二‐一六五頁）、田畑真一 上掲書（三六‐三七頁）を参照。なお両書とも、この手紙の情報源を垣内茂「司祭ウォルター・ウェストンと横浜聖アンデレ教会」としているが、筆者は未確認である。

10　近代登山に取り組む日本人に山岳会の創立を提案したウェストンは、その後の山岳会について一九一〇（明治四十三）年の『山岳』第五年第二号に寄せた「日本アルプス登山探検の八年間」という文章の中で、次のように伝えている。「ここ五、六年の間に、まったくのスポーツとして、また学術的、科学的な調査研究の対象として、山登りが急速に普及している。四年前の離日直前に、私は日本の若い世代の登山愛好家と懇意になった。自他ともに認めるリーダーは、天分豊かで精力的な登山家である。K・小島【コジマ】〔小島烏水の本名は久太〕氏だった。幸いにも同氏との友好関係は今でも続いているが、そのころの出会いによって、一九〇五年には日本山岳会【ニホンサンガククワイ】すなわち日本版アルパイン・クラブが発足し、年を追う毎に会員数も知名度も増して、社会への貢献度も増してきた。発足当初は五十名だった会員は、今では七四二名を数える。」三井嘉雄 上掲訳書（上巻、二九九頁）。

11　ウェストンが聖アンデレ教会での宣教司牧と教会の新築移転のために熱心に取り組んだことについては、山村基毅 上掲書（一六六‐一七三頁）で詳細に述べられている。

12　三井嘉雄 上掲訳書（上巻、三〇一‐三二五頁）に、『東京朝日新聞』紙（一九一一年三月十三日〜十六日）に掲載された「余が日本の登山」（一）〜（六）が訳出されている。三井氏の注によると『大阪朝日新聞』記者藤木九三が原稿を依頼し、訳したものと推定されている。

13　三井嘉雄 上掲訳書（「山の魅力」ジャパン・ギャゼット一九一四年十一月七日 上巻、三四三‐三七二頁）

14　同上（三四五 - 三四六頁）を参照。ここにある「ダイティ」は「神、神性」を意味するラテン語 Deus に由来する英語 deity であろう。

15　同上（三四六頁）

16　参考までに『詩編』のそれぞれの該当個所を示し、おそらくウェストンも用いたであろう欽定訳聖書（十七世紀以来普及した英語訳聖書）の英文も記す。「目を上げて私は山を仰ぐ。私の助けはそこから来る。」（一二一章一節 I lift up my eyes to the hills. From whence goes my help come ?)、「山は人々に平和をもたらす。丘は人々に正義をもたらす。」（七二章三節 Let the mountains bear prosperity for the people, and the hills, in righteousness !)、「山がエルサレムを包むように、主は人々を包む」（一二五章二節 As the mountains are round about Jerusalem, so the Load is round about his people, )、「正義は力強い山の如く立つ。」（六五章六節 who by thy strength hast established the mountains, 本来の主語は「正義」ではなく五節の「救いの神」God of salvation と思われる。）

17　衰弱した体でスイスに赴いたことについて、ウェストン研究家の三井氏は「私からみると、ウェストンはスイスに骨を埋めるつもりだったのではないか、と思う。もっと考えると、本当は日本にしたかったのではないかと思われる。」と記している。三井嘉雄 上掲『陸奥を歩く』（最終頁）

# 第十一章　青森の飢饉と寄付活動

## 第一節 ◉ 明治三十五年の大凶作

青森県地域は、古くから度重なる凶作、飢饉、貧困に襲われてきた。北東北太平洋側の三陸海岸に面する地域には、梅雨時から夏にかけて「ヤマセ」と呼ばれる偏西風により、周期的に冷害が訪れている。冷害が単年ではなく連続することで、大飢饉が発生する。一七八三（天明三）年に岩木山や浅間山の噴火に端を発し、大規模な餓死者を出した「天明の大飢饉」、一八三三（天保四）年から数年以上続いた「天保の大飢饉」はよく知られている。耐えかねた百姓による一揆も繰り返された。近代以降も、明治二年、三十五年、三十八年、大正二年、昭和九年、十六年、二十年に凶作が記録されている。

筆者の住む八戸地方のことばでは、飢饉は「ケガジ」と呼ばれ、その苦闘の歴史が語り継がれている。八戸市新井田の対泉院には、「餓死萬霊等供養塔」[1]が建っており、「夏の間ずっと綿入れを重ねて着なければならないほど」の寒さが襲った天明の大飢饉の惨状が刻まれている。ちなみに、岩手県の作家、宮沢賢治が詠んだ有名な詩「雨ニモマケズ」の中に「サムサノナツハオロオロアルキ」という句があるが、「寒さの夏」とはヤマセによる冷害を示している。

農法や品種の改良と気象予報の発達により、かつてほどではなくなったが、「ヤマセ」は現在も凶作の脅威であることに変わりはない。記憶に新しいところでは、一九九三年（平成五）年に、「平成の大凶作」と呼ばれる米騒動があった。全国の米の作況指数は七四％となり、当時の細川政権はタイやアメリカから緊急的に二百トン余りの米を輸入した。最も被害が大きかったのは、東北北部の太平洋側の地域であった。東北全体の作況指数は五六％で、そのうち青森県では二八％、岩手県三〇％と著しく低かった[2]。

ウェストンが青森飢饉の実施調査に訪れたのは、平成の大凶作から九十年前のことである。前年の一九〇二（明治三十五）年の大規模な冷害による大凶作がもたらした深刻な飢饉であった。青森地方気象台の記録によると、天候不順は、具体的には次のようであった。

4月下旬の播種期に入つて不順勝ちとなり、5月半ば迄特に甚しかつた。その後6月上旬迄は比較的高温に恵まれたのであるが、中旬以後の天候は既に凶作型の低温が続き、特に7月中旬から8月下旬半ば迄の約45日間は一日として平年並の天候がなく、3〜4度の低温続きであつた。…中略…要するに当年の夏期気温は記録的の低温で、作柄は相当遅れたものと思われるが登熟期に入つての天候が順調だつた為にある程度の立直りを見た…[3]

また、『時事新報』（明治三十六年三月六日付）には、「風向きは、毎年六、七、八の月に於いて、北より東の間多き例なるも、昨年のごとく特に顕著なるははなはだ稀れにて、これがために北部太平洋より常に湿冷なる空気を齎し、夏季なお綿入れ欲しき不思議の気候を観じたり。」[4]とあり、上記の飢餓供養塔の表現を彷彿する。「ヤマセ」による異常な冷害が大凶作をもたらしたことがわかる。

このため米の収穫は乏しく、特に青森県南地方では三戸郡などに収穫皆無の村もあった。そのような村々では、保存用の種籾にも手がつき、翌年への更なる悪影響が懸念されていた[5]。明治三十五年の一反歩当たりの収量は上北郡、下北郡、三戸郡で著しく低い。翌三十六年、青森県は農家に種籾を給与したが、給与した戸数は、他の市郡では多くても八百戸弱というなか、上北郡で三六七二戸、三戸郡では二五一八戸と突出して多い[6]。

また、米不足を見込んで農家が米を囲い込んで手放さないことで、米価高騰を招き、貧しい民に一層の苦難をもたらした。当時の新聞には外国米の輸入を行ったことや[7]、凶作に際して飢えをしのぐために古くから食されている「蕨の根」に関する記事[8]が見られる。

## 第二節 ◉ 日本人の寄付活動

青森県の窮状は、最初に『東京朝日新聞』で報道された。木彈生という特派員が青森県各地を実地調査し、その詳しい内容が「東奥の凶作」というタイトルで、明治三十六年一月五日付の第一信から一月三十日付の第十一信まで十五回に分けて連載された[9]。第一信冒頭には、次のように記されている。

余は青森縣下に於る飢饉の實況を調査せんと欲し大晦日を以て京地を發し本日(三十六年一月一日)三戸郡三戸町に到り先ず此地より實況視察に着手せり蓋青森縣下中最も凶作なるは三戸、上北東津輕の三郡にして旅行の順路三戸町は其第一位にあればなり[10]

最も凶作の被害が大きかった三戸郡から調査を始めた特派員は、各地をまわって衣食住の様子、とくにその困窮した食生活、穀物の値段や人々の賃金、貯蓄や税金滞納の状況、地域レベルでの救済策の実施状況等を細かくレポートしている。最終報告の第十一信では、山之内知事を訪問して、被災者を救済する施策を聞き出している。それによると、「細民には先ず仕事を授け依つて以て自活の道を立てしむ」として、県の公共事業や民間会社の協力を取り付けている。県当局は、被災者が中長期的に自活できる道を探ることを第一とし、その上で「而かも尚飢餓に迫るを免かれざるものには食糧給與の方法を設けて之を救助す」としている[11]。

連載終了後も『東京朝日新聞』では、青森県凶作地の状況を引き続いて報じ、公的な救済策を再三訴えかけている。二月三日付(二面)の記事では、凶作という特殊な災害救助に対して国家が法律を柔軟に運用し、「東北被害地救恤の目的を以て或る緊急勅令の將に發せられん」と訴え、国に対して被災者の免租だけでなく、徴兵も猶予すべきことを提案している。

二月四日付（一面）では、上北郡に二名の餓死者があったことを報じている[12]。また同日の二面には、「内務当局者の調査」による青森飢饉の被災者数について公式発表が報じられている。それによると、

| | |
|---|---|
| 東津軽郡 | 八千二百七人 |
| 西津軽郡 | 四千三百八十二人 |
| 南津軽郡 | 二千二百八十五人 |
| 北津軽郡 | 二千二百八十九人 |
| 中津軽郡 | 二千四百九十人 |
| 三戸郡 | 一萬三千三百廿三人 |
| 上北郡 | 九千三百七十九人 |
| 下北郡 | 二千百十八人 |
| 弘前市 | 七百二十九人 |
| 青森市 | 二百七十八人 |
| 合計 | 四萬五千四百八十人 |

とあり、特派員の報告と同様、三戸郡と上北郡の被災者が圧倒的に多いことがわかる。

国は二月二日付で「災害地地租延納」を緊急に決定したが、これに対して二月九日付の紙面では、「東奥の凶作地に適用せらる可き緊急勅令が、免租にあらずして延納なりしは吾人の頗る意外とする所なり」（二面）と、国の対応を非難している。青森の凶作地での疫病の流行についても、随時報道している[13]。

『東京朝日新聞』は、特派員を早々に派遣して実地調査を行い、強い関心をもって青森飢饉を報じた。それらの報道は、市民の良心を刺激し、寄付活動を促すこととなった。すでに連載記事が終わるより前に、最初の寄付の申し出が掲載されている。そこには次のような手紙が出金者連名とともに紹介されている。

私どもは群馬縣北甘樂郡富岡学校尋常科四學年の生徒でありますが此の程先生から東奥の凶作と云ふことにつき縷々とお話をうけたまはりなした時に誠におきのどくに思はれて涙がこぼれました中にも猿邊村の小林清臧さんの事は實にかはゆうさうでたまりませんからいくらかのたしにしてあげたいと思ひまして日頃心の合つて居る人々と相談しておの〳〵貯へおきました金銭の内から少しづゝ出しあひましたところ一圓十五銭あつまりました 此の内で六銭を郵便料にはらひ其の餘一圓九銭を郵便小爲替で貴社にあてゝ送りましたゆゑお手數ながら小林さんの處へとゞけて下さいまし何分おたのみ申しあげます

明治三十六年一月十八日[14]

この手紙にある「猿邊村の小林清臧さん」については、一月八日付の「東奥の凶作（第二信）」に掲載されている。特派員は一月二日に三戸郡の猿邊村を、村長の案内で視察している。その際、暮らしぶりが「上中下」の三世帯を訪ねており、「下」にあたるのが「小林さん」である。老婆と夫婦の他、働く年齢に達していない五人の子どもを抱えて、「下家は前途の見込を立つるの餘地なく今日限りの食を求め明日を顧みざる」という窮状が仔細に報告されている[15]。

この記事の後、新聞紙上では次々に有志による義捐金の申し出が掲載されることになる。寄付金額と寄付をした多数の人物、団体の氏名と住所が細かくその都度掲載されており、確認できただけで、それは三月二十八日まで続いている[16]。

三月二日付（二面）の記事では、新聞社が集まった義捐金を取りまとめ、第一回分として青森県庁に送付したことが報じられ、山之内県知事から寄せられた受領の報告と御礼の手紙も掲載されている。第一回分として送られた金額は、「四十九圓五十一銭」であった。

三月二十日には、明治天皇から東北五県に「御救恤金」が下されたことが報じられている。また、三月二十八日付の記事では、青森飢饉への義捐金を集める目的で素人による演芸会（義太夫会）が催され、その収益が寄付されたことが記されている[17]。

青森飢饉を救済するための人々の寄付活動は、一月初頭から始まった新聞報道を契機に、それから約三ヶ月の間に、自然に広がっていったことがわかる。その中で、最初の寄付の申し出をした生徒の手紙にある「誠におきのどくに思はれて涙がこぼれました」「實にかはゆうさうでたまりません」という表現は、印象的である。この表現は、聖書のギリシャ語「スプランクニゾマイ」（σπλαγχνιζομαι）を想起させる。この語は、「憐れに思う」を意味する動詞であるが、もともとの意味は腸や心臓、肺臓、肝臓などの内臓全体を意味する名詞が動詞化した語である。原文の忠実な翻訳にこだわったことで知られる岩波書店の『新約聖書』では、「腸《はらわた》がちぎれる想いに駆られた」と訳されている[18]。

生徒が記した「おきのどく」「かはゆうさう」という表現は、彼らの内面に生じた率直な感情であり、同じように飢饉の被災者に同情心を懐いていた多くの読者の「はらわた」にも響き合ったものと思われる。生徒たちの小さな寄付活動が、多くの人々の助け合いの精神に火を灯したと考えることができる。

## 第三節 ◉ ベルリオーズ司教の投書

『東京朝日新聞』の報道とは別のルートで、現地を視察し青森県の窮状を伝えたのは、カトリックのベルリオーズ司教である。ウェストンが青森県の戸来村に赴いた際の報告にも、「その状況は、ベルリオーズ主教の手紙がきっかけとなり、何週間か前、飢えに苦しむ農民の窮状について話をされていた。」[19]と記されている。

ベルリオーズは、明治日本に対するカトリック宣教を担っていたパリ外国宣教会の司祭で、一八七九（明治十二）年に来日した。既述のように、カトリック教会は日本を北代牧区と南代牧区に分けており、ベルリオーズは来日当初から北代牧区を担当し、盛岡や函館で布教活動を行った。一八九一（明治二十四）年に北代牧区はさらに二分され、北海道と東北六県と新潟県を加えた函館司教区が設けられた。このときベルリオーズは、司教に叙階され、教区長となった。ベルリオーズ司教は、アイヌの人々への宣教に強い関心を持ち、一八九三（明治二十六）年、室蘭（紋別）付近の集落に入ってアイヌ語を学び、アイヌ語の教理書も編纂している。また、函館にトラピスト修道会を招致したことでも知られる[20]。

ベルリオーズ司教が青森の被災者の様子について報告し救助を訴えたのは、横浜の外国人居留地で発刊されていた『ジャパン・ウィークリー・メール』紙の一九〇三（明治三十六）年一月三十日付の投書欄である。これにより青森飢饉の詳細が、居留地の外国人の知るところになった[21]。ベルリオーズの投書には、次のように記されている。

北国の飢饉

ジャパン・メール編集部様

一年前、八甲田山の麓で二百名ほどの勇敢な兵士が雪の中で命を落としました。今年の冬は、同じ地域で、人々の精神に尋常でない試練をもたらしています。雪はほとんどなく、桃の木は花をはちきれんばかりにつけてはいます。しかし、飢饉というもうひとつの災難が、姿を現したのです。犠牲者の数は、すでにおびただしく、一カ月か二カ月、もちこたえることができるでしょうか？

東北地方では、昨夏に襲われた冷気が原因で、米の収穫は皆無、もしくはほとんど不作の状態です。多くの場所で、供給が不足しており、とうもろこしや芋もなく、何千人もの人々がすでに、「わらびの根」というシダの根、「ところ」という山芋、そして「はぐさ」という雑草などを「餅」にして、生きるために切り詰めています。何百もの馬が屠られました。その肉は、森の中で密かに食べ尽くされたのです。空腹が行き過ぎた行為に至らせていることを、誰も知りません。多くの新聞で報道された詳細のすべてが、大げさな誇張ではないことを、私は個人的に確かめたいと思いました。そのため私は、飢饉が最も悲惨といわれる戸来村に赴いたのです。私は道中、多くの人に尋ね、その地の村長である小坂甚督氏に二回にわたり聞き取りを行いました。彼の村民救済への熱意は高く、立派なものでした。書かれていたすべてのことが間違いなく真実であることを、私は彼自身の口から聞き知りました。戸来村は、尻内駅から西方に八里のところに位置します。五戸までの移動は、「日本式」の馬車で行くことが出来ます。しかし、そこから残り半分の道のりは、狭くてでこぼこの小道で、馬車はまったく通行不能です。この通行の困難さが、その地方の困窮を大いに物語っています。

この村には、二千七百人を少し超える居住者がいて、そのうち約五百人が最後の窮地に陥っています。村長の意見によれば、一ヵ月か二ヵ月以内に救援がなければ、まちがいなく、これら不幸な人々のうち千人以上が餓死するか、悲惨な暮らしの中で生きながらえるしかないそうです。

現在、より幸運な人々は、鉄道会社が与えてくれる線路の枕木の仕事で、わずかな銭を稼いでいます。しかし、尻内までの距離は八里あり、その輸送はいかに困難なことでありましょう！　普段は楽な暮らしぶりのこうした住民さえも、今年は、可能な限り倹約して生活することを強いられ、所有する牛を安価で売ろうとしているのです。

青森県知事はこの現場を訪れて視察し、非常に心を痛めました。彼は、この災害に起因する窮乏を軽減するために、最善を尽くすことを約束しました。しかし、彼が言うには、税金は予算化した目的にしか費やすことができず、限界があります。救済のための個人的な寄付を募るしか道はありません。さもなければ、貧困のために多くの死者が出ることは避けられないとのことです。

村長はまことに道理にかなった提案書を作成しました。受け取った寄付金は、戸来村のある場所から五戸に至る通行路を開拓するために、適切に利用されるべきだと。後者の村は、この地域の商業地です。その仕事に雇われた貧困者が、生活費を稼ぐことができるようになるし、同時に、この僻地がとうとう世界の人々とつながることになるでしょう。

彼はまた、すべての寄付金が青森県庁宛てに届けられ、当局の采配のもと活用されるべきと願っています。私は寛大な気持ちでこれに応じることはもちろん、悲しい実情にある彼らのことをお知らせすることが、私の責務と考えました。このたびのような不幸を味わうことがなくなるために、彼らは同情心を今一度強く求めることに、ためらうことはないでしょう。

この手紙を挿入してくださり、ありがとうございます。末筆ながらご多幸をお祈りします。

函館のA・ベルリオーズ

五戸（青森県）一九〇三年一月二十三日[22]

青森県では一八七五（明治八）年ごろからパリ外国宣教会の宣教師たちが、函館や岩手から入れ替わり巡回をしており、青森飢饉があった明治三十年代には、既に常駐の司祭もいた。ベルリオーズ自身も、北海道と東北各地で精力的な働きを行っており、広域でのネットワークが構築されていた[23]。ベルリオーズの手紙は、五戸で一月二十三日に記されたとあるから、『東京朝日新聞』の連載が終わる一月三十日よりも前である。ベルリーズは青森や岩手を担当する宣教師から、前年の大凶作と飢饉の状況について、早い段階で独自に情報を得ていたと思われる。

投書からは、最も被害の大きかった戸来村をベルリオーズが実際に歩き、その窮状をつぶさに観察したことが窺われる。彼は戸来村村長と具体的な救済策を打ち合わせ、青森県知事の意向もつかんでいた。すなわち、県の予算には制約があり、「救済のための個人的な寄付」が必要であること、戸来村の貧困の背景には立地条件や道路事情の問題があり、五戸までの道路建設に義捐金を使うことができれば救済につながること、さらに、義捐金の窓口として青森県庁がふさわしいことである。

この投書が『ジャパン・ウィークリー・メール』紙に掲載されたのは二月七日である。同紙は、同じ日の記事で、先に挙げた公式発表による青森県の被災者数を示し、読者に寄付を促している。寄せられた義捐金は、ベルリオーズの提案に沿って同社から青森県庁に送金するとしている。

青森県が、昨年の収穫不良がもたらした恐ろしい災害に見舞われている。もし援助の手がさしのべられなければ、早々に多くの命が亡くなることは必至である。影響を受けた場所は、県全体で十ヵ所の農業地帯のうち八ヵ所である。この八ヵ所のうち、三戸、上北、西部の中心地である東津軽は、もっとも困難な状況である。現在、飢饉による被災者の数は四万四千人と報告されているが、これら三ヵ所に属しているのは三万人である。ベルリオーズ司教―我々は五戸（飢饉の影響を受けた地のひとつである）からの彼の手紙を受け取り、今朝掲載した―は、災害の悲惨な詳細を伝え、立ち上がり、躊躇することなく支援するよう援助を呼びかけている。当オフィスに送られたお金を我々が預かり、被災者に分配されるべく青森県知事に発送することができれば、幸いである。[24]

ベルリオーズの投書については、掲載前に同社の周囲ですでに情報が共有されていたらしく、上記の記事に続けて、匿名を含む複数の寄付の申し出があったことが次のように報じられている。

われわれは、飢饉に見舞われた青森県の人々のために、次のような金額を確かに受領したことを報告させていただく。このお金は本紙火曜日の記事に掲載したベルリオーズ司教の手紙に示された提案に沿って、県知事に送られる。[25]

この投書によって、外国人居留地からの寄付活動がはじまったことについて、青森県の地元紙『東奥日報』も、いち早く報じている。

外人の本縣飢餓義捐金　函館在住の司祭ベルリーオ氏は去三十日ジャパンメールに投書して氏が親しく本縣飢民を訪問して目撃したる惨状を説きて有志の義捐を促したるが爾後昨日迄にジャパンメール（二十圓）シュローダー氏（五圓）ソーン氏（二十圓）女子學院の有志組合（二十六圓）其他五十圓

より二十圓までの匿名有志者五口の義捐報告メール紙上に見えたり其の義感ずべし[26]

「感ずべし」という表現から、『東奥日報』紙が、報道を契機に中央の人々から青森に向けられたまなざしが、外国人居留地の人々にまで広がっている事実を、地元のメディアとして使命感をもって伝え、関心を喚起していることがわかる。『東奥日報』紙は、この二日後の記事で『ジャパン・ウィークリー・メール』紙の「フラオン」記者から「青森縣知事」宛てに義捐金が届けられたことを伝え、ベルリオーズの投書文の日本語訳を掲載している[27]。

このように外国人居留地の人々による寄付活動が展開したのは、ベルリオーズの投書が契機であった。しかしその一方で、ベルリオーズの提案は、一部の外国人たちに、ある種の疑念をもって受け止められた。この疑念は、ウェストンらが青森県を訪れて救済活動を行うことになったいきさつに、直接関係していた。

## 第四節 ◉ 寄付活動をめぐる疑念

二月十四日付の『ジャパン・ウィークリー・メール』紙は、次のように報じている。

われわれは、同輩に、道路を造るという目的に義捐金を用いるという考え方に異を唱えたり、彼らが米を買うことが出来るようにすべきだと力説したりする者がおり、また幾人かの者が、それらのお金が食料を得るための完全な雇用につながることが保証されるまで、寄付をためらっていることを知っている。[28]

先に見たように、ベルリオーズの投書では、道路建設のための公共事業に義捐金を活用し、被災者を雇用することにより、彼らが貧窮状態から脱却できるという戸来村村長の見通しが示され、義捐金を青森県庁に届けるよう提案されていた。しかし居留地の人々の中には、餓死者が出るほどの状況にあって、優先すべきは彼らへの食料供給ではないか、また義捐金が県当局に寄せられた場合、それが実質的に被災者の雇用につながる保証はあるのか、という疑念が浮かび上がっていた。上記の引用は、こうした疑念が、一部の人々に寄付をためらわせていることを伝えている。『ジャパン・ウィークリー・メール』紙は、疑念の払拭に努めている。しかし、義捐金が確実に困っている人への直接的な援助につながるべきだとする意見は、無視できないほど大きな声になっていた。

いうまでもなく、お年寄り、衰弱した者、幼い子どもたちなど、平等に手に渡らない多くの罹災者がいるはずだ。そのような人々にとっては、直接的な救助が必要である。もちろんそれと同時に、本紙を仲介して寄付された全資金は、困窮する地方の為政者たちが自分たちの判断でお金を活用すべく、要請を受けた上で助成されることも重要である。外国人が直接配布するといっても、正確な情報をもって判断する役割を担う外国人の配布担当者が存在しない。こうした真剣に考慮すべき多くの問題を別にしても、とにかく困難な事業であり、費用がかかることはまぬがれない。このような問題は、現場の宣教師たちには当てはまらないわけであるが、この度の要請は、当初、指導的な宣教師から寄せられたことに注意を喚起したい。彼は、これらの難点にもかかわらず、集まった募金が公的諸機関に委ねられることを助言したのだ。それでもなお、外国人の代理人による直接的な配布という目的であれば、より多くの寄付が獲得できるのというのなら、われわれはこのプロジェクトに冷水を投げつけるのは終わりすべきだが。[29]

県当局に義捐金を丸投げして、それが本当に被災者のために有効に活用されるだろうかという疑心暗鬼が、大きな声となっていたことがわかる。そして、疑念を抱く人々の間に「外国人の代理人による直接的な配布」という新たな救済方法が浮上していた。

次に見る『ジャパン・ウィークリー・メール』社への三月三日付の読者の投稿は、ウェストンらが青森を訪れて実際の窮状をレポートしてもなお、日本人への疑いが、依然としてくすぶっていたことを物語っている。

現時点まで、東京の日本人は、明らかに特別な慈善活動のための呼びかけをしていない。救済を目的とする彼らの寄付活動がうまくいっていないことは、熱意のない証拠と捉えてしかるべきであることは間違いない。日本人には慈善行為の価値がわからない、もしくは外国人に過大に評価されているというところが、本当のところだとわれわれは思っている。確かにウェストン氏の手紙は、一度に流布した人騒がせな世間のうわさと矛盾しない事態をまだ示していない。

多くの被災者が存在することは疑うことはできない。同時に、慈悲深い援助を申し出る好機であることも確かである。われわれは、外国人のコミュニティが気高い奉仕活動を見せた岐阜の地震や釜石の大津波に続いて、援助してくれるよう招かれているのではないか、と疑い始めている。[30]

この投稿者は、「日本人には慈善行為の価値がわからない」と語り、チャリティ好きの外国人が日本人にいいように利用されていると感じている。また「人騒がせな世間のうわさ」という表現は、青森県の実際の窮状の程度を、報道が大げさに伝えているのではないかという疑念を示している。

『ジャパン・ウィークリー・メール』紙は、このような日本人への疑念や中傷が「人種的偏見」にあたると非難している。同紙が、一貫して日本人を擁護する立場をとっていることは興味深い。同紙は上記の投稿に反論し、「これまでに『日日新聞』の基金への寄付金は六三二円に達しており、『報知新聞』の基金は四〇〇円に達している。『朝日新聞』のこれまでの総計は、把握していない。『中央新聞』も寄付のためのコラム欄を開設している」[31]と伝え、他に大阪市やいくつかの銀行や商店、鉄道会社が支援策を提示している例も挙げて、日本人による寄付活動がすでに活発に行われていることを記している。

## 第五節 ◉ 疑念の背景

外国人の疑心は、当時の日本政府のキリスト教に対する姿勢と無縁ではないと考えられる。

明治初期、とりわけ明治十年代に政府が主導した欧化主義により、キリスト教諸派の宣教活動は盛んになり、各地で教勢を伸ばした。本書第二部で見たように、この頃に展開した自由民権運動のリーダーたちの中には、宣教師との交流によってキリスト教信仰を受け入れ、これを新しい精神的な支柱とした者たちが少なくなかった。

しかし明治二十年代に入ると、キリスト教の教勢には陰りが見えてくる。一八八九（明治二十二）年に大日本帝国憲法が発布され、その第二十八条で「信教の自由」が保障された。宣教師にとって「信教の自由」の規定は歓迎すべきものであったが、条文には「日本臣民ハ安寧秩序ヲ妨ケス及臣民タルノ義務ニ背カサル限ニ於テ信教ノ自由ヲ有ス」とあり、「臣民ノ義務」を背かないという限定が付けられていた。同憲法の第三条では「天皇ハ神聖ニシテ侵スヘカラス」とされ、現人神としての天皇の宗教的な性格が示された。つまり実際には、帝国憲法の制定により、明治政府による国家神道政策が加速していったのである。

一八九一（明治二十四）年には、内村鑑三による有名な「不敬事件」が起こっている。第一高等中学校の教員でキリスト者の内村が、教育勅語奉読式において、天皇直筆の署名に対して奉拝することをためらったことが、天皇に対する「不敬」に当たるとして非難され、論争を引き起こした。この事件は、日本人のなかにキリスト教排撃の風潮をもたらした[32]。

一八九九（明治三十二）年には、学校の課程内で宗教教育を禁止する文部省訓令第十二号が公布された。多くのキリスト教系の学校はこの禁令に抗議したが、自らのアイデンティティを維持するために、徴兵猶予等の特典が得られない文部省不認可の各種学校に移行するなどの対応に迫られた[33]。

このように明治中期から後期にかけて、日本政府のキリスト教に対する姿勢が厳しくなりつつあったことは、当然、居留地の外国人たちにも共有され、彼らの中に、日本人と政府当局に対する疑心暗鬼の感情を醸成していったものと思われる。

被災者を援助したい気持ちが十分にありながら、義捐金の受け取り先が県当局であることに疑念を抱き、ベルリオーズの提案に二の足を踏む外国人がいたことは、当時の状況から決して不自然なことではなかった。そこで、信頼のおける身内の者、すなわち「外国人の代理人」が、被災者に直接救助の手を差し伸べる必要性が主張されたのである。

外国人の疑念が浮上したもうひとつの背景として、「チャリティ」についての文化的な相違を挙げることができる。先に引用した『ジャパン・ウィークリー・メール』紙の投稿欄には、「日本人には慈善行為の価値がわからない、もしくは外国人に過大に評価されている」という発言があった。投稿者の趣旨には偏見が見られるものの、この発言は「チャリティ」がキリスト教的に固有の文化であることを、いみじくも言い得た発言と思われる。

日本では農村等の村落共同体における相互扶助（助け合い）のしくみは古くから存在していたが、公的扶助という側面から見ると、皇室や領主による窮民の救済があったものの、それらは封建的な階級社会において上位の者が自らの恩恵を示威する行為、あるいは支配者が安定した社会秩序を保つことを目的に行う施策という性格が強かった。仏教者による救貧活動は多く見られたが、社会制度と根底で結びついてはいなかった。

他方、西洋では、キリスト教の教えに基づいて組織的な公的扶助が根付いていった。

イエスは、「わたしの兄弟であるこの最も小さい者の一人にしたのは、わたしにしてくれたことなのである」と語り、飢えている者、のどが渇いている者、宿のない者、裸の者、病気の者、牢につながれた者に対して手を差し伸べることが、神に祝福され永遠の命にあずかる道であると説いた[34]。

また、有名な「善いサマリア人」のたとえ話によってイエスが説いた「隣人愛」とは、自分の立場や相手の身分で隣人を選ぶのではなく、誰であれ困っている者がいれば、自らが主体的にその者の隣人になることであった[35]。このたとえ話では、一人のサマリア人が、追いはぎに襲われて半殺しの状態にあった人を見て「憐れに思い」介抱した行為を、「隣人愛」のモデルとしている。「憐れに思い」という語は、先に挙げたギリシャ語の「スクランプニゾマイ」の訳である。つまりこのサマリア人は、倒れていた人を見て「腸《はらわた》がちぎれる想いに駆られ」て介抱した。こうして内側から生じた憐みの情に駆られて愛を実践する者が、結果として神に祝福され永遠の命を得るのである。

さらに人間による愛の実践のモデルは、より根源的には、罪深い存在である人間を憐れんでくれた「神の愛」にある。イエスは「仲間を赦さない家来」というたとえ話を語っている。王に借りていた多額の金を返せなかった家来を、王は憐れに思い、借金を帳消しにしてやった。しかしその家来は、自分が金を貸していたある仲間が借金を返せないことを許さなかった。そのため王は怒って、家来を牢に入れてしまったという話である。王は「わたしがお前を憐れんでやったように、お前も自分の仲間を憐れんでやるべきではなかったか」と家来に語る[36]。王に例えられているのは神であり、家来はわれわれ人間である。初代教会の指導者たちは、イエスの受難と十字架上の死を、人間に対する神の憐れみのしるしと理解し、人々に憐みによる愛の実践を求めた。

イエスは、わたしたちのために、命を捨ててくださいました。そのことによって、わたしたちは愛を知りました。だから、わたしたちも兄弟のために命を捨てるべきです。世の富を持ちながら、兄弟が必要な物に事欠くのを見て同情しない者があれば、どうして神の愛がそのような者の内にとどまるでしょう。子たちよ、言葉や口先だけではなく、行いをもって誠実に愛し合おう。[37]

キリスト教が浸透した西洋社会では、教会や修道院が中心となって、孤児や老人、行き倒れた貧民を助けることに熱心に取り組み、中世には教会収入の四分の一が貧者の救済に配分されることが制度的に決められていた。近代以降には、活動的な修道会が生まれ、時の社会問題に向き合い、教育機関や慈善事業を興した。また、プロテスタントの福祉事業では、信徒の活躍が目覚ましかった[38]。西洋における公的扶助は、こうしたキリスト教的な隣人愛の諸実践をベースに、社会制度化された経緯がある。公的扶助を支える個々人のチャリティも同様に、キリスト教的隣人愛の実践であった。このような意味で、西洋のチャリティの文化は、キリスト教の価値観そのものであるといってよいだろう。

日本政府の発布した諸制度によってキリスト教の宣教が停滞していた明治後期にあって、西洋人のなかに「日本人には慈善行為の価値がわからない」と感じる者がいたことは、ある意味で無理のないことであった。この言葉は「キリスト教を理解しない日本人には、隣人愛の精神がわからない」と言い換えることができるであろう。

もちろんすべての西洋人が、日本人についてそのように感じていたわけではない。外国人の日本人に対する偏見に対して批判的だった『ジャパン・ウィークリー・メール』紙は、ある記事で、日本人には西洋にはない別の流儀で慈悲の心があることを次のように記している。

日本人には、まだ公的な寄付という西洋式システムが十分に定着していないことは事実である。日本人はチャリティに突き動かされることはないが、彼らの慈悲の心は別の流儀において見出される。時に彼らが自ら進んで寄付をすることは、一九〇一年の冬に凍死した二百名の兵士の家族や生還した兵士のために、約二十万円を寄付した最近の出来事が証ししている。[39]

## ▼Endnotes

1 八戸市の対泉院にある「餓死萬霊等供養塔」の裏には、「やませ」に続く長雨続きで寒い夏となり、「田や畑の作物は実らず」、「わらびの根を掘り、海草や山草はもちろん、わらも粉にして食べた」ことや、多くの餓死者が出て治安も廃れ、「領内の人口六万五千人あまりのうち、三万人あまりが死んだ」ことが刻まれている。

2 冷害の要因はヤマセによる六月から八月の異常な低温であり、特に太平洋側の地域で不稔障害が多発したという。青森県、岩手県の中でも、下北では〇%、十和田で二%、岩手県軽米で三%と太平洋側の地域が著しく作況指数が低かった。菊池勇夫『飢饉の社会史』校倉書房 一九九四年（七 - 八頁）、および亀川健一「平成冷害と土壌肥料2 東北 平成5年 水稲凶作の実態」『日本土壌肥料學雑誌』六十六号（二）一般社団法人日本土壌肥料学会 一九九五年（一八八 - 一九一頁）を参照。

3 青森地方気象台編『青森県気象災害誌1869年～1997年』財団法人日本気象台青森支部 平成十年（六 - 七頁）

4 毎日ニュース事典編纂委員会編『明治ニュース事典Ⅶ 明治36年／明治40年』毎日コミュニケーション（九九頁）

5 「いまだ収穫前なるをもって調査を遂げ難しといえども、今年は明治二年の凶作なることは疑うべくもあらずして、収穫歩合高の最も多きは六斗、少なきは皆無の惨憺たる所もありて、これを平年に比すれば実に九割以上の減石ならん。ことに三戸郡戸来村ほか数カ村のごときは品の善悪にかかわらず、収穫皆無にして、種籾を全部他町村より購求せざるを得ざる場合に迫りおれば、遠からずして飢えに泣く者路傍に満つべく、その他の町村にては、新穀を挙げて種用と供しなば不完全ながらも他に仰がざるをえべしと。」（明三五・一一・二八）『青森縣日記百年史』東奥日報社 昭和五十三年（一八六頁）

6 秋田義信『みちのく農民譚』（常民叢書第八巻）日本経済評論社 一九九〇年（二二〇 - 二二五頁）

7 「米穀の大輸入 本縣にては氣候不順の爲め米作の不良なるより米價の暴騰を見込み、農家の重なるものは容易に米を手放す模様なき爲め米價は騰貴一方に傾き居るを以て、過日來ドシドシ他地方より輸入せられ居ることとなるが、昨日も亦淡海、淡雄、王の浦三汽船にて北産商会及び小林、福士、稲葉の各商店へ八千二百六十五俵輸入あり。…中略…尚今後続々輸入の見込なれば地方米の出廻りなきも、格別困難を感ぜざるべく従つて是より以上左まで騰貴せざるべしと云う」（明三五・一〇・五）『青森縣日記六十年史―東奥日報記事のアルバム―』東奥日報社 昭和二十三年（六二頁）

8 「蕨の根を掘る 南部地方の凶作は実に惨憺たるものにて、別に労働すべき仕事もなければ多くは手を空しうして飢を待つといふ有様なれば同地方にては盛んに蕨を掘り居る由なるが、狩場沢を超ゆれば昨今之れに従事し居るもの多く特に目立ちて見ゆとなり。」（明三五・一一・二〇）同上。

9 『東京朝日新聞』明治三十六年一月五日（第一信）、一月八日（第二信）、一月十二日（第三信）、一月十三日（第四信）、一月十四日（第四信續）、一月十五日（第五信）、一月十六日（第六信）、一月十九日（第六信の續き）、一月二十一日（第七信）、一月二十二日（第七信の續き）、一月二十三日（第八信）、一月二十四日（第八信上北郡概觀の續）、一月二十六日（第九信）、一月二十七日（第十信）、一月三十日（第十一信）

10　『東京朝日新聞』明治三十六年一月五日付（二面）

11　『東京朝日新聞』昭和三十六年一月三十日付（二面）

12　「上北郡四和村の近信に凶作影響は日に慘状は加はへ先に小笠原福松外一名餓死し昨今飢餓のため命日夕に迫り居るもの數十名の多きあり」『東京朝日新聞』明治三十六年二月四日付（二面）

13　『東京朝日新聞』昭和三十六年三月十九日付（二面）に「現今にては凶作の爲め死亡するよりも其翌年に至り襲來する處の悪疫に罹り死亡するもの多數なることは明瞭なるにより内務にては實地視察の上地方廳を督勵し此際極力之れが豫防に從事せしむるの方針なりと云ふ」とあり、青森凶作地での伝染病への懸念を示している。三月二十日付（二面）には「飢饉にて粗食の結果上北郡七戸地方に腸加答兒病流行」と腸カタルの流行を報じている。

14　『東京朝日新聞』昭和三十六年一月二十二日付（二面）。この手紙のあとに、「出金者連名」が掲載されている。

15　『東京朝日新聞』昭和三十六年一月八日付（二面）

16　『東京朝日新聞』に寄せられた義捐金の記録は、確認したものだけで昭和三十六年二月六日付、二月九日付、二月十一日付、二月十四日付、二月十五日付、二月十七日付、二月二十日付、二月二十一日付、二月二十二日付、二月二十五日付、二十六日付、三月一日付、三月七日付、三月二十八日付に見られる。なお二月二十四日付には、横浜居留地の寄付活動の様子が、「東奥凶作外人の義捐　横濱居留外國人の募集する同義捐金は一萬七十九圓に達したり」と紹介されている。

17　『東京朝日新聞』昭和三十六年三月二十八日（二面）「青森縣飢饉救濟義捐金募集の爲め八王子町桑都ホテルに於て素人義太夫會を催せし事は既記の如くなるが連日非常の盛況にて其収益金に左表を添え寄噌方を本社に託されたり」

18　たとえば「ルカによる福音書」七章十三節に、イエスがナインという町で一人息子を亡くした母に会った際、イエスの感情表現に「スクランプニゾマイ」が用いられる。日本聖書協会『新共同訳聖書』及びフランシスコ会聖書研究所訳の『聖書 原文校訂による口語訳』（二〇一一年）では、これを「憐れに思い」と訳しているが、新約聖書翻訳委員会訳の『新約聖書 福音書』（佐藤研訳 岩波書店 一九九五年）では、「腸がちぎれる想いに駆られ」と訳している。ちなみにケセン語訳聖書で知られる山浦玄嗣訳のいわゆる「世間」語訳の福音書『ガリラヤのイェシュー』（イー・ピックス社 二〇一一年）では「気の毒で胸も張り裂けるような思いに駆られ」と訳されている。

19　三井嘉雄 上掲訳書（上巻、二二八頁）

20　ベルリオーズ司教の生涯と日本での活躍については、小野忠亮編著『北日本カトリック教会史 人物／教会／遺跡』中央出版社 昭和四十五年（八九 - 一四二頁）に詳しい。
21　三井嘉雄 上掲『陸奥を歩く』では、「横浜で発行されていた英字紙『ジャパン・タイムズ』が、『朝日』の記事を転載し、「青森飢饉、悲しい詳細」と題して報道したのは一月末だった。さらに同じ横浜の『ジャパン・ウィークリー・メール』がこれを追い、詳報を掲載することになる」と記されている。
22　*The Japan Weekly Mail*, February 7, 1903（筆者訳、以下同じ）
23　小野忠亮『青森県とカトリック 宣教百年史』百年史出版委員会（三九 - 五一頁）
24　*The Japan Weekly Mail*, February 7, 1903
25　同上。寄付者とその金額が次のように掲載されている。「ジャパン・メール社二十円　F・シュローダー 五円　E V・ソーン二十円「Q」五十円「キャッシュ」二十円「K. D. G.」三十円「ヘレティック」五円　自助・慈恩社と女子学院の英国王の娘たち二十六円「同盟」二十五円」
26　『東奥日報』明治三十六年二月十日付
27　『東奥日報』明治三十六年二月十三日付「本縣凶作で外人の書翰　前號に豫報せる通りメール記者フラオン氏より義捐金に添えて本縣知事に宛られし書翰を記さんに」とあり、ベルリオーズの長文の投書が訳されている。ウェストンの報告書にも『東奥日報』紙についての記述がある。「今日気がついたが、地元紙（『東奥日報』）がわれわれの活動について折に触れて報道し、苦しみにあえぐ地元民のために、日本在住の外国人団体がこのように進めている救済活動についてうれしく思い、また感謝していることを伝えている」（二月二十七日付報告）三井嘉雄 上掲訳書（上巻、二二〇頁）
28　*The Japan Weekly Mail*, February 14, 1903
29　同上
30　*The Japan Weekly Mail*, March 14, 1903 三月十四日付の記事に、三月三日の投稿が掲載されている。
31　同上
32　上掲『明治のキリスト教』（一五二 - 一五四頁）を参照。
33　上掲『宣教師と日本人 明治キリスト教史における受容と変容』（一二六 - 一二八頁）を参照。
34　『新約聖書』「マタイによる福音書」二五章三一節 - 四六節を参照。
35　『新約聖書』「ルカによる福音書」十章二五節 - 三七節の「善いサマリア人」のたとえ話を参照。
36　『新約聖書』「マタイによる福音書」十八章二一節 - 三五節
37　『新約聖書』「ヨハネの手紙一」三章十六節 - 十八節
38　田代菊雄『日本カトリック社会事業史研究』法律文化社一九八九年（五 - 九頁）を参照。
39　*The Japan Weekly Mail*, March 7, 1903

# 第十二章　外国人による救済事業

## 第一節 ◉ 基金の設立と現地調査員の派遣

当時の居留地の外国人の中には、青森飢饉への寄付活動をめぐって、少なくとも対立する二つの立場が存在していたことがわかる。すなわち、ベルリオーズの提案どおり、日本人や県当局を信頼して義捐金を託すべきとする立場と、日本人や県当局に疑念を抱き、外国人が直接に状況を調査した上で支援を行うべきとする立場である。『ジャパン・ウィークリー・メール』紙は当初から、ベルリオーズの提案に沿って義捐金を青森県庁に届ける意向であった。しかし、外国人の中に広がっていた疑念は寄付活動を沈滞化させる恐れがあり、無視できなくなっていた。チャリティの方法をめぐる立場の異なる人々の対立が、居留地に張り詰めた緊張感をもたらしていたと見ることができる。

このような状況下で、居留地の銀行家や商店主などのいわば名士らが有志で立ち上がり、彼らが管財人となって「青森飢饉救済基金」が設けられた[1]。そして、「外国人の代理人」を直接被災地に派遣し、救済のための有効な手立てを探るという大規模なプロジェクトが企画されることになった。このときに「外国人の代理人」として選ばれたのが、ウェストンである。この外国人による救済事業について、『ジャパン・ウィークリー・メール』紙は、次のように報じている。

横浜の指導的な居留者たちが、慈悲の精神から、とても実質的な仕方で、青森救援問題に着手することを明らかにした。彼らは幸運にも、この季節にまちがいなく非常な困難をともなうであろう配分の仕事を請け負ってくれるウェストン卿という強健で熱意のある人物を見出した。われわれが被災者を援助するための寄付金を集めはじめた時、災害の大きさをまだ的確に認識できないでいた。しかし今や、何千人もの人々が飢餓により死に脅かされ、強く寛大な力添えが必要とされていることは明らかである。援助の十全な基準が用意されて、困窮をやわらげるための最善策が考案されるであろうことは、横浜と東京の居留者たちに向けた訴えに添えられた名士たち自身が十分に保証するものである。われわれはこの慈善事業の発起人たちが、巨額のお金が入るのを待たずに、賢明な決断をしたと理解している。彼らは、ウェストン氏にすぐに青森へ出発するよう依頼し、彼は昨日横浜を発ち、F・パロット氏と佐々木医師の二人の協力者、そして周布知事の善意で神奈川県庁から自由に使ってよい一人の通訳者が同行した。[2]

プロジェクトの立ち上げにともない、『ジャパン・ウィークリー・メール』紙は、義捐金の送付先を青森県庁から「青森飢饉救済基金」に改めることに決めた。

これらの紳士たちは、最も緊急を要する困窮の特徴と講じるべき最善策についてレポートを送る予定であり、そのレポートに基づいて十全な活動計画が詳しく立てられる。それまでは、七四一円の金額がこれまでのところ『ジャパン・メール』の編集者へ送られてきており、ベルリオーズ司教の提案に従って行動する。本紙に掲載した彼の感動的な手紙を通して、出来事の詳細が最初に伝えられ、外国人に公に知られることになった。この総額のうち五二二円は、先週の前半に青森県知事に送られた。手元にはまだ二一九円残っている。われわれは、これと、今後われわれに届けられるお金を、香港上海銀行に集められる基金の管財人に手渡すつもりである。[3]

ベルリオーズの提案をこれまで支持してきた『ジャパン・ウィークリー・メール』紙は、外国人の日本人に対する疑念の結果として動き出したこのプロジェクトについて、「用心深い人々が寛大な気持ちになってくれる」ことを期待しつつ、「実際の現状を調査するためにウェストン氏を派遣するという警戒ぶりは、まことに賢明である」と、皮肉交じりに評している[4]。

ウェストンとパロットら一行は、二月十七日の午後に横浜を出発し、すでに青森まで開通していた東北本線を利用して青森駅に到着したのは、二月十九日である。彼らの目的は、青森飢饉救済基金が現地で有効に活用されるために実施調査を行い「どのような救援が最善かを見極める」[5]ことであった。資金は限られており、「われわれの第一任務の適用範囲に含まれる人々を救済する」ためには、まず広範囲の窮状を把握する必要があったからである。

ウェストンらは、青森での調査結果や救援物資の依頼を毎日のように電報によって管財人に報告し、まとまった長文の報告書を手紙にしたため送付している。報告書や電信の内容は、『ジャパン・ウィークリー・メール』紙に二月二十八日、三月七日、三月十四日の三回にわたって報じられた[6]。

## 第二節 ◉ ウェストン一行の調査と救済活動

ウェストンの報告書と青森の地元紙『東奥日報』の記事を中心に、彼らの調査の様子と救済活動の次第をたどってみよう。

ウェストンは到着早々、面会の予約をしていた県知事に会うため私邸に赴き、協力を仰いだ。知事は職員をひとり同行させた。また青森市長とも面会をしている。外国人によるこの事業に対する青森県や郡、村による支援は手厚かった。また、側面からの援助もあった。ウェストンの報告には、交通費について「横浜市長の私設秘書である岡田氏が、内務副大臣の口利きで今回の青森への運賃を半額にしてもらって、我々は上野を出発した」[7]とある。

交通費の半額に加え、救援物資の送料についても割引の配慮があったことが、『東奥日報』の記事からわかる。

「凶作地視察外人と日鐵　別項のウヱストン、パアーロット氏通辯醫學士佐々木鋤太郎氏の爲日鐵線に於て青森三戸及八戸間相互乗車の時には青森縣知事の証明に依り各等五割引乗車切符遇る廿二日より當分の内發賣の筈▲右外國人等より東北凶作貧民救助の爲め東京、秋葉原、隅田川両停車場より盛岡停車場以北各停車場に向け發送の品に限り高級品以下各級品一品並に混載運賃は通常斤扱一級品賃通常トン扱一トン一哩金参錢貸切扱同金壹錢發着手數料五割引にして二月廿二日より十二月末日迄取扱の由」[8]

『東奥日報』紙は、ウェストンたちの来訪やその活動状況をタイムリーに報じている。その内容はウェストンの報告と合致しており、同紙の記者が念入りに取材をしていたことがわかる[9]。

翌日の二月二十日、東津軽郡の郡長と会い、さらに中平内村長、東平内村長、西平内村長から各地の窮乏の程度について情報を得た。村長たちは、窮乏の激しい二二〇名の氏名や住所の資料を携えていた。そのほとんどが小農や小作人であった。ウェストンらはいくつかの家を訪問し、食糧事情や着衣、寝床の様子などを調べている。これらの農民は、食べ物として、大豆のサヤとモミ殻のかすを混ぜた「豆腐餅」、蓬の葉とソバ粉でつくられた「草餅」、松の皮を使った「松皮餅」などで食いつなぎ、「藁とむしろとぼろぼろの板でできた住い」で、何とか生き延びていた。ウェストンは次のように記している。

これで、この地域の何百人という農民の置かれている実情を多少とも理解していただけると思うが、これでもまだ増しな方なのである。救済問題に関しては、三人の村長と協議の結果、急場に要する物資として意見が一致したので、粟【アワ】と味噌【ミソ】を注文することに決定した。青森に戻ってから、人々が寝るためあるいは単に身を包むためにも使えるように、毛布もたくさん注文に加えて横浜に電報を出した。知事に調査結果を報告したが、彼はわれわれの救援物資の申し出を喜んでくれ、また、物資が届いたときに公正な配分を期するために貴重な提言がなされた。[10]

翌二十一日には、藤沢村、山口村で窮状を視察した。二十二日は日曜日のためか、行動の記録はない。二十三日には汽車で沼崎に行き、上北郡長から窮状の情報を得てから七戸に向かい、上野村、才市田村、徳万才村を視察している。この日はまた、セントジョージ・タッカーと合流している。タッカーは一八九九（明治三十二）年に来日した聖公会の司祭で、当時は弘前の教会を担当していた。青森飢饉のこの年に、立教学院の総理に就任することになる人物で、ウェストン同様、登山を趣味としていたという。ウェストンらは青森を離れる際、西津軽郡の調査と物資分配の仕事を、タッカーに託している[11]。

『東奥日報』紙は、ウェストンがこの日、上北郡で遇った母子の窮状に涙を流しコンデンスミルクでも買うようにと少しの金を差し出したことを伝えている。

外國人の凶作地視察　去二十三日上北郡浦野舘村大字才市田視察中貧民米内山與助の家に行きし際赤子の『イツコ』にて鳴き居るものあり其狀如何にも愍然ぶりウヱスト氏直に其母に尋ねしに曰く昨年舊

九月出産せしものなれとも私の食物粗惡にて且つ其量少き爲め御覧の通り發達せさるものなと一行をして涙を濕さしむウエストン氏直にコンデンスミルクを買求め飲ましむへしとて金子若干を與へたり[12]

二十四日には、天間林村の中岫と花松をまわった。ウェストンは「何軒もの家を回って、落ち込んだ気持ち」になったと記している。この日、横浜への電報で救援金と物資の送付を要請し、粟三五〇石、味噌十二貫目入りの樽を二九〇樽、古毛布八六〇枚が送られることになった[13]。翌日から二日間は、電報のやりとりに費やされたようである。

二十六日の『東奥日報』紙は、居留地の外国人たちのよる義捐金の額が、一万七十九円に達したことを報じている[14]。

二十七日、最初に視察した平内の役場で、いよいよ救援物資を配布することになった。集合した人々に、県庁の役人が農業について講義し、ウェストンが通訳（佐々木医師）を介してあいさつをした。同行していた知事の代理人が人々に対して、倹約に努めてこの度の外国人の厚意を胸に刻むように伝えたのち、粟、味噌、毛布が配布された。ウェストンは、物資を受け取る人々について「それまでのやつれた顔がぱっと明るくなる、あの表情を私は決して忘れることができない。しかし、全員が粛々と威厳を保ち、純粋な感謝の気持ちで受け取る様子に、私は感動した」と記している。

これが最初の救援物資の、直接的な配布であった。ウェストンは、地元の役人たちに全幅の信頼を寄せていたが、寄付をした居留地の外国人への説明責務を果たすためであろう、配布の方法を次のように念入りに決めている。

窮乏世帯の実地調査をもとに、それぞれの村の村長と協議した上で、困窮の極みに置かれて、われわれが運用する救援物資の配分を必要とする人数を確定したのち、各世帯の代表者ひとりに対して、その世帯が受けるべき食糧その他の量を詳細に記した票を交付する。

毎朝、彼らがこの票を村長の役場に提示することによって、そこに記載されている量を手渡す。受け渡しのすんだ量は、受取人の票と同時に村長の原簿にも記載する。原簿は厳重な管理のもとで郡長に提示し、さらに郡長は県知事に提示することとし、最終的には私がその原簿を県知事から受け取って、救済基金管財人に提示する。[15]

一度にではなく毎日その日の分だけ配給されるのは、「渡された人々が一度に食べてしまったり、売ってお金や酒に変わることがないように」[16]という配慮からであり、受け渡しを証明する書類のやり取りについても細かく取り決められていた。

二十八日は、物資の購入と電報のやりとりに忙殺され、三月一日には知事や群長に見送られて三戸に移動する。翌二日には、吹雪の中、猿辺村の文治屋敷、葛子平、蛇沼という集落を調査し、三日には尻内を調査した。四日から六日にかけてパロットが尻内に残り、救援物資を受けとって上北郡と三戸郡に配分する手配を行った。

ウェストンは四日に、知事の代理人や三戸郡長らとともに五戸まで馬車に乗り、そこからベルリオーズも歩いた悪路を、戸来村に向かった。戸来村では、前述のように「金ケ沢郵便局の局長」である戸来喜代治氏の家に宿泊した。

翌五日、戸来村で羽井内を往復して住民の困窮度について調査し、「総じてここの貧困の程度は、最悪といわれた東津軽郡北部地域の比ではないと見受けられた」[17]「類を見ないこの谷の貧困は本物で、当局はあらゆる救済の手立てを講じようと必死だが、極めて難しい任務だと言わざるを得ない」[18]と評価している。またウェストンは、貧窮が深刻ないくつかの世帯に、郡の役所からわずかに稗などが支給されているのを確認し、「それがなければ彼らの窮状は、何週間か前にベルリオーズ主教が注意を喚起したころの状況からさらに悪化していたことであろう。」[19]と記している。

五日、五戸から尻内に馬車で戻り、パロットと合流する。六日には、三戸郡での救援物資の配布作業をパロットが担当し、ウェストンは上北郡での配布のため浦野舘に向かった。浦野舘の役場では、やはり知事の代理人が配給を受ける困窮者に対して、外国人の援助に感謝し倹約に努めるように話し、ウェストンもあいさつをした。

いよいよたくさんの荷物が開けられ、私から割り当て分を実際に手渡す作業が始まった。残りは、一定の期間をおいてその都度支給するように保管に回した。

私が役場を離れて駅に向かおうとするときには、激しい吹雪の中を全員が道路にまで出てきて、最後まで感謝と別れの挨拶をしてくれた。人々に渡ることを夢見ていたものが今やっと彼らの手に渡ったのだという、大きな喜びを実感せずにはいられなかった。[20]

翌六日、ウェストン一行は横浜への帰路に就いた。

こうしてウェストンらの実地調査に基づき、救援物資の米、粟、味噌、毛布の調達と配分が速やかに行われた。結果的に巨額の義捐金が集まり、青森の窮民の救助に活用された。三月二十三日までの寄付金の総額は、二三、〇六五円七三銭であった[21]。ウェストン一行が横浜にもどってからも、タッカーらが引き続き、物資の購入や配布を行った。

『東奥日報』紙は、居留地の外国人による大規模な救済活動に賛辞を贈る記事を載せ[22]、外国人から送られた救援物資の内訳とその配分先を次のように伝えている。

外國人ウエストン氏の救助額　仝氏は本縣下各郡部窮民の實況を視察せられ當時應分の救助せしは皆人の知る處なるが今救助総額を郡分けにせは左の如し
△東郡　外國粟百六十三石八斗、味噌二千二百五十貫目、毛布二百四十七枚△上北郡　外國米二百九十五石八斗、味噌三千四百八十貫目、毛布三百九十枚△三戸郡　外國米四百三十三石二斗、味噌五千百六十貫目、毛布七百八枚△北郡　外國米百四十六石七斗△西郡　外國米百二十一石一斗四升因に西郡及北郡へは味噌毛布等を給せさるも之れに換ふるため一人に一合を増し給與せりと云ふ尚西、

北二郡の分は目下横濱へ注文中にして現品未た到着せさる由なり[23]

面白いことに『東奥日報』紙には、上北郡三本木村の僧侶の呼びかけで、キリスト教に負けまいと、地元仏教界で義捐金を募ることになった記事[24]も掲載されている。繰り返し報道される外国人による救済活動は、青森の人々の注目を集め、高く評価されていたことがわかる。

## 第三節 ◉ ウェストンのもうひとつの功績

青森飢饉に際して居留地の外国人が行なった救済活動は、大規模で組織的であった。多くの人々が寄付を行い、最善の救済方法について議論を重ね、救援物資の調達と配布に労をおしまなかった。そのなかでウェストンは、現地に赴く代理人として、冬場の過酷な状況下で、奥地での視察に臨み、管財人や現地の役人との入念な打ち合わせを行い、必要な物資を策定して配布するという骨の折れる仕事を担った。

この救済活動自体は、チャリティの精神から様々な形でこれに携わった外国人居留地の名もない多くの人々の功績である。しかし、現地へ派遣された代理人の仕事は、やはり強健な体力と精神力を備えた岳人ウェストンだからこそ、十分に果たしえたといえるだろう。そのような意味で、ウェストンの活躍は特に注目に値するものであり、「青森ウェストン祭」における顕彰も、岳人ウェストンへの賛美の色彩が濃い。

しかし今、ウェストンが行なったもうひとつの重要な功績を語ることができると思う。

横浜の居留地に「青森飢饉救済基金」が設けられ、現地での調査と物資の配布のためにウェストンらが派遣された背景には、先に見たように、寄付活動をめぐる二つの立場の対立が存在した。すなわち、日本人や県当局を信頼して義捐金を託そうとする立場と、それに疑念を抱いて外国人が直接に状況を調査した上で支援を行なおうとする立場である。前者の立場にあった『ジャパン・ウィークリー・メール』紙が、新しい救済事業の立ち上げについて、そのような「警戒ぶりは、まことに賢明である」と皮肉をもらした文脈からすると、この救済事業の推進者のなかに、後者の立場に属する者がいたものと推察される。ではウェストン自身は、どちらかの立場に与していたのだろうか。

さしあたり彼が無類の日本好きであったことは、誰もが認めるところである。

青森飢饉の七年前にあたる一八九六（明治二十九）年に、彼は日本についての最初の著作『日本アルプスの登山と探検』をイギリスで出版している。この書は単なる登山記録ではなく、地方にのこる日本人の生活や風習をとりあげ、人々との交流を克明に描いており、ウェストンが日本の山々だけなく、近代化から免れた地方の素朴な日本人を愛していたことがよくわかる。岐阜県と長野県にまたがる御嶽山を、長野県の王滝側から登った時のことである。霊山として知られる御嶽山で、ウェストンは多くの巡礼者の行動を観察しているが、裸で凍えるような滝に打たれながら手を合わせて一心に祈る一人の巡礼者に出会ったときの記述に、次のようなものがある。

心が清浄でなければ、山に登って神聖なお祠を拝み、祈りを捧げても無駄であるという。これこそまことの篤信の人よとばかり、その祈りに耳を傾けていると、あのダビデの言葉がいきいきと胸に蘇ってきた。

誰か神の丘に登らん? また、誰か神の聖き宮に入らん?
そは清き手、清き心の人。魂を虚しきものに捧げず、偽りて誓いしことなき人なり。

〔旧約聖書『詩編』第二四篇〕

その昔、かの偉大なる使徒が書きしるして、「あらゆる国民のうち、神を畏れ、正義をなす人をこそ、神は迎えたまう」と言ったのは、まさにこのような人のことではないだろうか。[25]

ウェストンはキリスト教の宣教師であったが、日本人の信仰心に強い関心と敬意を抱き、多くの箇所で好意的に紹介している。そのまなざしには、日本人の宗教的営みを、単なる迷信や邪教として退けようとする意図は見られない[26]。むしろ、キリスト教と通じあう何かを探そうとしているかのようである。

さて、青森に向かったウェストンは、居留地に緊張感をもたらしていた対立する二つの立場について、当然熟知していたはずである。そしてウェストン自身は、日本を深く愛していた。このような視点からウェストンの報告書を読むと、彼が自分の仕事を、視察と物資の手配や配布をするだけの要員として意識していたのではないことが感じられる。視察内容を伝える文章の端々に、彼が実に用意周到なメッセージをちりばめていることが、見えてくる。

おそらくウェストンは、居留地の外国人の間に広がっていた対立感情を、自らの報告で平和的に収束させることを、とりわけ日本人と県当局の役人に向けられた疑念を払しょくすることが、自身に課せられたもうひとつの重大な使命であると意識していたと思われる。さらに言えば、彼はキリスト者として、青森飢饉の救済活動が、真の意味でチャリティとなることを願っていたのではないか。ウェストンの記述を追ってみよう。

上述のように、ベルリオーズ司教からの手紙には、戸来村の村長の提案として、義捐金によって道路建設のための公共事業を興し、被災者を雇用するという救済策が示された。これに対して、道路工事のために義捐金を活用することに異議を唱え、寄付をためらう人々がいた。ウェストンは、この道路工事について報告書で触れている。五戸から戸来村に通じる道がいかに困難な道であるかを、ベルリオーズからの情報に同調して、次のように記している。

このような短い報告書では、五戸と戸来村の間の道がどれほどひどいか十分な説明をすることができないが、きちんとした道こそ、この地区に真っ先に必要な救援物資だといわれても、私は不思議に思わない。[27]

ウェストン一行は、青森到着初日から知事と面会し、視察する地の先々では、郡長や村長を訪れて情報を収集している。さらに、物資の配布や管理について役人たちを信頼し、仕事を託している。それはウェストンが、実際に行動をともにした役人たちを見て、彼らへの信頼感を強くしたからであった。

しかし居留地には、日本人の役人に疑いの目を向けている人たちがいる。ウェストンは、管財人に送った報告書に、再三、次のように記している。

情報面だけでなく、救援物資の配分作業の段になれば、大方の実務は村長にお願いすることになろうが、ここの村長たちはまさに信頼に足る有能な人物であると、はっきり申し上げておきたい。辺鄙な地域を巡る田舎旅行をすると私はいつも決まって感じるのだが、村長なる人たちはとても礼儀正しく、信頼が篤く、面倒見がよいので、われわれがこの地を離れたあとの実務がここの村長たちの手に移っても、彼らが委託された業務について実際にはすべて県知事に報告し、県知事が最終責任をもって管理監督する限り、この業務は間違いなく正当に誠実に遂行されるものと確信している。[28]

この報告書の締め括りとして、以前からここの地方官吏が示し、われわれが見届けている事実はどこに行っても違わない事実だと分かり、われわれは感服していることを付記したい。彼らはどこまでも信頼でき、人々に公平に接することでも信用できるし、食糧その他を苦悩の農民に分配するというわれわれの救援策も、彼らの手を通して公平に実行されることを確信するに十分な裏付けである。[29]

ここで私が信じるところを再度強調しておきたい。これを取り扱う官吏は全員、あくまでも信頼に足りる人たちであり、したがって基金に篤志を投じた方々には、その厚意は望まれた通りに扱われていると確信していただいてよい。[30]

ウェストン自身は役人を完全に信頼していた。ウェストンが視察した際に、すでに貧窮の度合いが著しい世帯には、役場から食料の配給が行なわれていたことも報告している。かといって救援物資のすべてを、ただ単に彼らに丸投げした場合には、居留地の人々の中に明らかに納得のいかない者が現れたであろう。そこで、救援物資の配布方法には念を入れ、現地の役人が配給の状況を伝票によって管理し、各郡長が知事に報告した上で、最終的に横浜の管財人が原簿を受け取るという仕組みを整えた。

他方で、外国人が直接青森に赴き窮状を調査して救援物資を手渡すという救済活動が、たとえ疑念から生まれた事業であったとしても、結果として、その「必要性」が十分にあったことにも言及している。

私が目撃した人たちの状況、彼らが直面していた恐ろしい結末を今思い起こしてみても、彼らにはほかにどのような手立てがあったのか、思い当たらない。外からの救済がなかったとすれば、餓死するしかなかったのではないだろうか。…中略… 困窮の極みにいる人にささやかではあるが救援の手をさし伸べることができたことを誇りに思う。また、思い遣りが深く有能で仕事熱心な山之内知事をはじめ、哀れな困窮者に至るまで関係者全員が、通り一遍の儀礼ではなく、心からの感謝の気持ちでわれわれの努力を受け入れていただいたことは、今回の任務が必要であったことの何よりの証しだと思う。[31]

ウェストンは、すべての義捐金を県庁に届けるという当初の計画が正しかった、とは結論していない。実際の窮状を外国人が視察して、最も困っている人々に直接手をさしのべるという救済方法が「必要であった」と強調することによって、ウェストンはそれまで居留地の外国人が重ねた議論が無駄ではなく、対立はあったが建設的なものであったという結論を導き出そうとしている。

青森飢饉の救済事業を推進した者のなかに、日本人や当局に疑念を抱く人々がいたことが推察されることから、新しく立ち上がった救済事業の成功は、ともすれば、日本人を信頼してベルリオーズの当初の提案に従おうとした人々に、「敗北」を刻印しかねなかったと思われる。ウェストンにとって、勝敗をチャリティに持ち込むことは、耐え難いことだったにちがいない。報告書の中に、巧みにバランスのとれたメッセージを忍ばせることで、ウェストンは、居留地に生じた対立感情に平和的な収束を試みたと考えることができる。

外国人に日本人に対する疑念があったことは、ウェストンにとって悲しい現実であったにちがいない。しかしそれ以上に、居留地に広まった対立感情が、本来のチャリティの精神に影を落としていた現実が、ウェストンを暗澹たる気持ちにさせたのではないだろうか。イエスの教えに基盤をおくキリスト教的なチャリティは、先に見たように、本来、「はらわた」から憐れに思う感情が、隣人愛の実践へと駆りたてるという、無条件の単純な行為である。しかし、チャリティの効果的な方法をめぐる対立は、いかにも人間的であり、打算的であり、単純ではない。ウェストンはキリスト者として、対立する人々に、先に挙げた「子たちよ、言葉や口先だけではなく、行いをもって誠実に愛し合おう」という言葉を投げかけたかったのではないか。

ウェストンの報告書には、彼が、二つの立場のどちらに与する者にとっても、納得のいく現実的な着地点を模索しながら、青森での救済活動に臨んでいたことがうかがわれる。彼自身は、どちらかの立場を支持することにはまったく関心がなかった。むしろ、居留地の外国人がチャリティの精神において、最終的に一つになることを望んでいたと考えられる。

ウェストンの功績は、青森飢饉における外国人の大規模な救済事業において、現地に派遣された代表者として、過酷で骨の折れる仕事に力を尽し、成功に導いたことにある。しかしその根底には、もうひとつの重要な功績があったと考えることができる。それは、日本人に対する外国人の疑念を取り除き、居留地の人々の対立感情を平和的に収めることによって、彼らの救済事業が、神の祝福を得るにふさわしい真の意味でのチャリティとなることに心を砕き、行動したことである。日本を愛した屈強な岳人であるとともに、人々に福音を宣教し、平和と救いを願ったキリスト者ウェストンだからこそ、成しえたことと思われるからである。

### ▼Endnotes

1 三井嘉雄 上掲『陸奥を歩く』によると、基金の管財人は「T・S・ベイカー、J・W・コップマン、J・ドッズ、H・J・ホーム、R・D・ロビンソンの五人」である。

2 *The Japan Weekly Mail*, February 21, 1903

3 同上。なお同じ記事の中で、送金を受領した青森県知事から送られた次のような礼状が掲載されている。「ジャパン・メール社長様　拝啓　わたしは謹んで二枚の小切手を受け取ったことをお知らせします。一つは二六五・五円で今月九日に、もう一枚は二六五・五円で今月十一日にです。現在、日本の一地方にはびこる災害を救うために、寛大にもご寄付くださいましたあなた様と、外国人の名士様方、関係各位に、心からの感謝をお伝え申し上げます。また、ベルリオーズ司教様にも感謝を申し上げます。司教様のお手紙は、貴紙のコラム欄で掲載されました。そのなかで司教様は、ご自身で訪れた現場で見られた状況を記してくださったからです。　敬具　青森県知事山之内一次　一九〇三年二月十七日」

4 同上

5 三井嘉雄 上掲訳書（上巻、二〇一頁）

6 *The Japan Weekly Mail*, February 28, March 7, March 14, 1903 これらの全訳が三井嘉雄 上掲訳書（上巻、一九八 - 二三六頁）に掲載されている。

7 三井嘉雄 上掲訳書（上巻、一九八 - 一九九頁）

8 『東奥日報』明治三十六年二月二十七日付

9 『東奥日報』紙の記事を見ると、英語に堪能なスタッフが『ジャパン・ウィークリー・メール』紙等の英字新聞を参考にして、いち早く記事にしていることがわかる。たとえば、明治三十六年二月二十二日付の紙面には「凶作救助演藝會と義捐金來る三月三日横濱山手公会堂に於て本縣凶作救助演藝會を開く筈なるか香港上海銀行にて取扱ひ居る義捐金は十八日迄にて既に四千二百六圓六十三錢に達したり」とある。この「演藝會」については、二月二十一日付の『ジャパン・ウィークリー・メール』紙で、モリソン夫人たちが開催予定のコンサートとして告知されている。『東奥日報』紙は、早くも翌日に記事にしている。なお、開催されたコンサートの詳細については、"THE FAMINE FUND ENTERTAINMENT" というタイトルで後日報じられている（*The Japan Weekly Mail*, March 7, 1903）。

10　三井嘉雄 上掲訳書（上巻、二〇五 - 二〇六頁）なおウェストンがこの時出した電報は、次のとおりである。「本日困窮度の低い地域を訪問。それでも窮乏者の状況哀れ。粟十袋、味噌三十五樽、古毛布二二〇枚、至急送付願いたし。品物宛先ウェストン。」（同上 二一一頁）

11　タッカーが合流した日付が二十三日であることは、三井嘉雄上掲『陸奥を歩く』による。また、三井嘉雄 上掲訳書に、「私は弘前【ヒロサキ】在住のセントジョージ・タッカー師にその地区の調査をお願いした。同師はわれわれの運用基準を知るために、その前の何日間かを上北郡で私と行動を共にした。」（上巻、二三五頁）とある。なお、タッカーが横浜から正式に救助を依頼されたことが新聞に報じられている。「縣下凶作とタッカー氏（弘前宣教師） 本紙凶作救助に付横濱居留外國人より津軽各郡内の視察及ひ救助を依頼せられ、來廰の上救助に関する事務の打合せをなせりと」（『東奥日報』明治三十六年三月十四日付）また、四月に入ってから、タッカーが米の分配にあたり役所の嘱託となったことが小さく報じられている。「弘前たより ▲外國人の義捐 兼て報道せし住吉町聖公會傳道師タッカー氏は中郡窮民視察の結果貧民一人に付白米三合つゝを給與すること、なり米價の標準を立て金員にて中郡役所に嘱託なると云ふ」（『東奥日報』明治三十六年四月十一日付）

12　『東奥日報』明治三十六年二月二十七日付

13　三井嘉雄 上掲『陸奥を歩く』による。

14　「東奥凶作外人の義捐 横濱居留外國人の募集する同義捐金は一万七十九圓に達したり」『東奥日報』明治三十六年二月二十六日付

15　三井嘉雄 上掲訳書（上巻、二二八 - 二二九頁）

16　同上（二二九頁）

17　同上（二三〇頁）

18　同上（二三一頁）

19　同上（二三〇頁）

20　同上（二三三 - 二三四頁）

21　金額は、三井嘉雄 上掲『陸奥を歩く』による。

22　ウェストンらの実地調査に同行した日本人（倉石村の丸谷良太氏）による詳細なレポートが掲載され、「外人は同情を寄せて脛を没る泥を事もせず親しく窮民に就きて調査し救助物を恵むなど其の義侠なる行動は當地方の窮民をして感謝の意を禁せさらしめ候」と締めくくられている（『東奥日報』明治三十六年三月十二日付）。

23　『東奥日報』明治三十六年三月十八日付。この他、三月八日、十一日にも、救援物資の内訳が報じられている。

24　「凶作地僧侶の救済義捐金募集 上北郡三本木村正法寺住職

駒ヶ嶺定正氏は窮民の惨状見るにしのびぬとて洽く宗門より救済義捐金募集の計劃をなし過般四五の同宗僧侶と十数名の信者と協議の上先つ宗派なる曹洞宗務局と打合勞々種々協議の必要あるより有志を代表して過般上京宗務局に就て宗徒義捐募集の計劃より其方法を述べ一大救済団を起さんとを陳告して同意求めたるに如何なる考えや宗務局にては面白からぬ返答なるより駒ヶ嶺氏は大ひに宗門の冷淡無上にして佛徒として其の道に悖るは云う迄もなく斯の如き有様なる故クリスト教等の下風に置かるる醜態を現はすなりとて大ひに憤慨する所あり此の上は少数微弱の團体なりとは云へ大いに天下の血に富む宗徒に訴へて一には窮乏に苦しむ民衆の困厄を救い一には宗門の堕落を矯正せしめんとて歸來益々救済の方法等苦考する所あり先つ手近の方法として宗門義捐募集の件を實行する由にて左の如く規的を設けたりと云へば同宗の志士應文の義捐ありて可ならん」(『東奥日報』明治三十六年三月二十六日付)

25 青木枝朗訳 上掲『日本アルプスの登山と探検』(三〇三頁)

26 ウォルター・ウェストン/山本秀峰訳『宣教師ウェストンの見た日本』露蘭堂 二〇一四年 は、一九二六年にロンドンでウエストンが出版した日本に関する最後の著作『日本』(Japan)の邦訳である。近代化の潮流の中で、なお日本人の信心が残っていることを好意的に記している。「人間の能力や人力の優越性を超越する何かがあることを思い起こさせる習慣が、そこここに今なお生き残っていることはよいことだ。人間が霊の世界と交わるという一層高い観念にたつならば、その人生のあらゆる場面において、非常に簡素な方法を通して、神の力を見ることは、それをまったく認めないよりは確かによいことだし、また幸せなことである」(同訳書 一四二頁)

27 三井嘉雄 上掲訳書(上巻、二二八頁)

28 同上(二一〇頁)

29 同上(二一六頁)

30 同上(二一九頁)

31 同上(二三六頁)

## ◉あとがき

本書は、公益財団法人青森学術文化振興財団による平成二十六年度学術研究成果の出版事業の助成を受けて出版された。財団の関係各位に、感謝申し上げたい。

あとがきとして、本書の成り立ちについて記したい。筆者は、一九九七年から八戸学院大学（当時、八戸大学）に奉職し、「宗教学」「哲学」「キリスト教概論」「人間論」などを担当している。大学院では故山田晶先生のもとでトマス・アクィナスを中心とする西洋中世思想を学んだが、就職して一年半後の一九九八年十月にエディット・シュタインが列聖されたというニュースに触れて関心を抱き、エディット・シュタインをめぐるカトリック教会とユダヤ教の対話に関する研究に向かって行った。その間、日々の暮らしの中で、自ずと青森県地域の文化や歴史に触れる機会が増え、なかにはキリスト教にまつわるものも散見された。地域のキリスト教について、いつかじっくり調べてみたいという思いが募っていった。しかし本腰を入れることなく、折に触れて調べたことを、研究ノート等に記す程度であった。

気がつくとそうした小論がいくつか溜まってきたので、「青森のキリスト者たち（仮題）」というテーマで、上記の出版事業に申請した。当初は、これまで書いたものを要領よくつなげて補足すれば何とかなるだろうという算段だった。幸い申請は通ったが、いざこのテーマに向き合ってみると、これまでの蓄積は、単発的でそれぞれが結びついておらず、資料を寄せ集めただけの文字通り「ノート」に過ぎないことを理解した。それらをつなぎ合わせても、とうてい一冊の学術書の体裁にはなりえず、見通しの甘さを痛感した。それでも、これまでの関心から、青森県キリスト教史における主要なトピックスはおぼろげながら頭に入っていた。時間は限られているが、先行研究をあらためて精査し、少しでもオリジナリティのある論文作成に取り組んでみようと決めた。

最初の壁は、これまでまったく検討外だったキリシタンの時代だった。津軽に流刑となった京阪地区のキリシタンについてはいくつかの文献がある。また、津軽藩の初代領主である津軽為信とその息子信建と信牧が、イエズス会の報告に登場することもよく知られている。しかし、なぜ為信がキリスト教に接近したのかという問題について、正面から切り込んだ研究はなく、魅力的なテーマと感じた。この時代の津軽藩に関する歴史研究は充実しており、『イエズス会日本報告書』やフロイスの『日本史』等の立派な翻訳事業もありがたかった。それらを参照することで、蓋然的にではあるが津軽為信と高山右近との接点を見出すことになった。伏見城下町の絵図に、為信と右近の屋敷が隣り合わせになっているのを見たときは、とても興奮した。現在、日本のカトリック教会による高山右近の列聖・列福運動が進行中であり、列福の実現が近いとされている。その意味で、ささやかではあるがホットな話題提供にもなったと思う。

明治期については、かつて、マラン神父の『東北紀行』における青森県での足跡や、新郷村の「青森ウェストン祭」の開催経緯について調べたことがあった。しかし、明治期の青森のキリスト者について語るには、本多庸一を避けることはできないし、八戸で一時期興隆したハリストス正教会に関わった人々、またパリ外国宣教会のマラン神父以外の宣教師たちにも触れないわけにはいかない。人物像だけでなく、明治期における日本人のキリスト教受容の特性や、キリスト者と自由民権運動とのつながりも重要である。そこで第二部では、明治期のキリスト教宣教の通史的な流れのなかに、青森県地域における幾人かのキリスト者の活躍や関連する出来事を重ね合わせて描く形をとった。

ウェストンの事跡も明治期の出来事ではあるが、第三部として単独に取り上げた。今回あらためて横浜外国人居留地で発行されていた英字新聞を調査した。そこには、ベルリオーズ司教の投書に示された青森飢饉の救済案に対して、居留地の外国人の受け取り方に賛否両論があり、チャリティの方法について対立する二つの立場が生じていたことを確認することができた。『ジャパン・ウィークリー・メール』紙の編集者が、敵対者の発言に対して「うわごとを言っている（delirious）」と感情的に非難する場面もあり、対立が深刻な状況を呈していることが知られた。このような渦中に青森に派遣されたウェストンの心境はどのようなものであり、彼はどのように振舞ったか、報告書を読み直し、検証した。これまで注目されることの少なかったウェストンのキリスト者としての側面に、少しばかり光を当てることができたと思う。学生時代に山岳部の活動に明け暮れていた筆者にとって、岳人ウェストンにこのような形でアプローチできたことは、個人的に嬉しいことであった。

ありがたいことに、二〇一四年九月に藤女子大学で開催された日本カトリック神学会のシンポジウム「東北・北海道におけるキリスト教の愛の実践を回顧する」において、提題者としてお声がけいただいた。筆者は、青森県キリスト教史を概観した上で、愛と信仰の実践の事例の一つに、ウェストンが関わった青森飢饉の救済事業を取り上げ、報告した。同月に高崎経済大学で開催された日本比較文化学会関東・東北支部合同研究会で「津軽為信と高山右近」

について発表した。ご批判や貴重なご意見を仰ぐ機会を得て、本書の内容に反映することができた。こうしてまがりなりにも、日本とキリスト教が出会った二つの時期における青森県地域での事象について、鍵となる幾人かの人物を中心に、ある程度のことをまとめることができたと思う。とはいえ、まえがきで記したように、不十分な点が多いことは明らかであり、各方面からのご批判を賜ることができれば幸いである。

出版にあたっては、イー・ピックス社の熊谷雅也社長にたいへんお世話になった。ケセン語訳聖書で有名な同社の一冊に加えていただいたことに、深く感謝申し上げたい。

最後に、個人的な献辞をお許しいただきたい。学部生のいつ頃からか、蒔苗暢夫先生の研究室をたずねることが多くなった。蒔苗先生の家族的で包み込むような優しさに甘えていたのだと思う。大学院の山田先生のゼミに参加することを勧めて下さったのも、蒔苗先生であった。先生の優しさの奥底には、いつも何か強靭で熱いものが燃えているように感じていた。京都ノートルダム女子大学に移られてからしばらくして、蒔苗先生が編集・執筆なさった『京のキリスト教』（同大人間文化学部「文化の航跡」ブックレット6）を頂戴した。蒔苗先生が六十年代にカトリック学生連盟の活動に情熱を注いでおられた次第を拝読し、先生の内なる熱さの原点を垣間見た気がした。蒔苗先生との出会いがなければ、自分はどうなっていただろうか。そのような思いが、年を経るごとに強くなる。昨年の夏、先生は旅立たれた。本書を、蒔苗先生への感謝の記念としたい。

二〇一四年十二月　八戸にて

著者

## ▼引用・参考文献一覧


『青森縣日記六十年史―東奥日報記事のアルバム―』東奥日報社 昭和二十三年
『青森縣日記百年史』東奥日報社 昭和五十三年
青森県編『青森縣史（一）』歴史図書社 昭和四十六年
青森県史編さん近現代部会編『青森県史資料編近現代Ⅰ』青森県 二〇〇二年
青森地方気象台編『青森県気象災害誌1869年～1997年』財団法人日本気象台青森支部 平成十年
青山学院編『本多庸一』三五堂 昭和四十三年
青山玄「幕末明治のカトリック布教の性格」『カトリック研究』三十五号 上智大学神学会 昭和五十四年
秋田義信『みちのく農民譚』（常民叢書第八巻）日本経済評論社 一九九〇年
石川喜三郎編『日本正教傳道誌』巻之壹 正教會編輯局発行 一九〇一年
石川喜三郎編『日本正教会公会議事録』正教會事務所 明治三十五年
石川喜三郎編『大日本正教会神品公会議事録』明治三十六年
石戸谷正司「津軽諸侯とキリシタン」『弘前大学國史研究』十二号 弘前大学 一九五八年
伊藤徳一編『東奥日報と明治時代』東奥日報社 昭和三十三年
稲垣良典『習慣の哲学』創文社 一九八一年
今村義孝他『切支丹風土記 東日本編』宝文館 昭和三五年
ウォルター・ウェストン／青木枝朗訳『日本アルプスの登山と探検』一九九七年 岩波書店
ウォルター・ウェストン／三井嘉雄訳『ウォルター・ウェストン未刊行著作集上巻・下巻』郷土出版社 一九九九年
ウォルター・ウェストン／山本秀峰訳『宣教師ウェストンの見た日本』露蘭堂 二〇一四年
牛丸康夫『日本正教史』宗教法人日本ハリストス正教会教団府主教庁監修発行 昭和五十三年
内海健寿「明治初期 青森県弘前メシジストの社会活動の興隆と試練」『ウェスレー・メソジスト研究』第二号 日本ウェスレー・メソジスト学会 教文館 二〇〇一年
浦川和三郎『東北キリシタン史』日本学術振興会 昭和三十二年

ヴァリニャーノ／松田毅一訳『日本巡察記』（東洋文庫二二九）平凡社 一九七三年
海老沢有道『高山右近』吉川弘文館 平成八年
大村英昭・西山茂編『現代人の宗教』有斐閣 一九八八年
岡田章雄『キリシタン大名』教育社 一九七七年
小河織衣『メール・マティルド―日本宣教とその生涯』有隣堂 平成二年
小川原正道「本多庸一における「政治」」『法學研究』第八十五巻八号 慶應義塾大学法学研究会 二〇一二年
小川原正道『日本の戦争と宗教 1899 - 1945』講談社 二〇一四年
小川原正道『明治の政治家と信仰―クリスチャン民権家の肖像』吉川弘文館 二〇一三年
小野忠亮『青森県とカトリック』百年史出版委員会発行 一九八二年
小野忠亮『宣教師・植物学者フォリー神父―明治日本のカトリック北日本宣教―』（キリシタン文化シリーズ十五）キリシタン文化研究会
昭和五十二年
小野忠亮編著『北日本カトリック教会史 人物／教会／遺跡』中央出版社 昭和四十五年
オルファネール／井手勝美訳、ホセ・デルガド・ガルシア注『日本キリシタン教会史』有松堂書店 昭和五十二年
川崎晴朗『築地外国人居留地』雄松堂 二〇〇二年
氣賀健生著 青山学院『本田庸一』編集委員会編『本田庸一―信仰と生涯』教文館 二〇一二年
片岡弥吉『日本キリシタン殉教史』時事通信社 昭和五十四年
亀川健一「平成冷害と土壌肥料2 東北 平成5年 水稲凶作の実態」『日本土壌肥料學雑誌』六十六号（二）一般社団法人日本土壌肥料学
会 一九九五年
木鎌耕一郎「青森県におけるカトリック伝道の諸相（1）―J・M・マラン著『東北紀行』をめぐって―」『産業文化研究』十一号 八戸大
学総合研究所 二〇〇二年
木鎌耕一郎「新郷村とウェストン」『産業文化研究』二十二号 八戸大学総合研究所 二〇一三年
菊池勇夫『飢饉の社会史』校倉書房 一九九四年
北原かな子『洋学受容と地方の近代―津軽東奥義塾を中心に―』岩田書院 二〇〇二年
北原かな子『津軽の近代と外国人教師』岩田書院 二〇一三年

キリスト教史学会編『宣教師と日本人――明治キリスト教史における受容と変容』教文館 二〇一二年
小泉順也「銅像と写真に刻まれた駒場の記憶 アルチュール・アリヴェと第一高等学校」『技術報告書』四号 東京大学生産技術研究所技術発表会実行委員会 二〇〇八年
小館衷三『津軽藩政時代に於ける生活と宗教』津軽書房 昭和四十八年
五野井隆史『徳川初期キリシタン史研究』吉川弘文館 一九八三年
五野井隆史『日本キリスト教史』吉川弘文館 一九九〇年
五野井隆史「キリシタンの信仰と迫害」『キリスト教文化研究所紀要』二十五‐一号 聖トマス大学キリスト教文化研究所 二〇一〇年
五野井隆史「16・7世紀、蝦夷情報とキリシタン」『サピエンチア：英知大学論叢』四十八号 聖トマス大学 二〇一四年
小林清治『奥州仕置と豊臣政権』吉川弘文館 二〇〇三年
財団法人京都市埋蔵文化財研究所『京都市埋蔵文化財研究所発掘調査報告二〇一二‐十七 伏見城跡』二〇一三年
佐々木竜太「本多庸一の「基督主義」教育観における「実験」概念」『教育研究（青山学院大学教育学会紀要）』四十七号 二〇〇三年
佐藤和夫「本多庸一に見る明治初期プロテスタンティズム」『弘前大学國史研究』五十号 弘前大学 一九六八年
佐藤和夫「近代青森県キリスト教史の研究（その一）」『弘前大学國史研究』五十五号 弘前大学 一九七〇年
佐藤和夫「近代青森県キリスト教史の研究（その二）」『弘前大学國史研究』五十六号 弘前大学 一九七〇年
佐藤和夫「明治初期ギリシャ正教伝道史における士族信徒の政治活動について：三戸聖母守護会記録の一断面」『弘前大学國史研究』六十二・六十三号 弘前大学 一九七五年
三戸町史編集委員会編『三戸町史中巻』三戸町 平成九年
ミカエル・シュタイシェン／吉田小五郎訳『キリシタン大名』乾元社 昭和二十七年
「新編弘前市史」編纂委員会編 虎尾俊哉監修『新編弘前市史 資料編2（近世編1）』弘前市市長公室企画課 平成八年
「新編弘前市史」編纂委員会編 虎尾俊哉監修『新編弘前市史 通史編2（近世1）』弘前市市長公室企画課 平成十四年
菅野義之助著・及川大溪補訂『奥羽切支丹史』佼成出版社 昭和四十九年
鈴江英一「函館・仙台洋教事件における〝寛典の処置〟禁教政策への影響」『史学』六十九‐二号 慶應義塾大学 二〇〇〇年
鈴江英一『キリスト教解禁以前：切支丹禁制高札撤去の史料論』岩田書院 二〇〇〇年
曽根原理「『御郷家深秘録』の諸本 附翻刻」『神道古典研究所紀要（6）』神道大系編纂会 二〇〇〇年

第5回日本伝道会議プロテスタント宣教150年プロジェクト編『日本開国とプロテスタント宣教150年』いのちのことば社 二〇〇九年
高木一雄『東北のキリシタン殉教地をゆく』聖母の騎士社 二〇〇一年
高橋克彦『天を衝く 秀吉に喧嘩を売った男・九戸政実(上・下)』講談社 二〇〇一年
高橋昌郎『日本プロテスタント史の諸相』聖学院大学出版会 一九九五年
高橋昌郎『明治のキリスト教』吉川弘文館 二〇〇三年
高畑美代子「イザベラ・バードに会った3人のクリスチャン学生と弘前教会・東奥義塾の活動」『弘前大学大学院地域社会研究科年報』第二号 弘前大学 二〇〇五年
高畑美代子『イザベラ・バードの北東北』陸奥新報社 二〇〇九年
田代菊雄『日本カトリック社会事業史研究』法律文化社 一九八九年
田畑慎一『知られざるW・ウェストン』信濃毎日新聞社 二〇〇一年
H・チースリク『北方探検記』吉川弘文館 昭和三七年
H・チースリク訳『宣教師の見た明治の頃』(キリシタン文化研究会シリーズ二)キリシタン文化研究会 昭和四十三年
H・チースリク『キリシタン史考』聖母の騎士社 一九九五年
H・チースリク『高山右近史話』聖母の騎士社 一九九五年
H・チースリク著/高祖敏明監修『キリシタン時代の日本人司祭』(キリシタン研究第四十一輯)教文館 二〇〇四年
鎮西町史編纂委員会編『太閤秀吉と名護屋城』鎮西町 平成五年
X・レオンデュフール編/Z・イェール訳監『聖書思想事典』三省堂 一九七三年
(学)東奥義塾・(財)東奥義塾協賛会編『―資料で見る― 東奥義塾の歴史 開学一三〇年記念』二〇〇二年
東京大学広報委員会『学内広報 No. 1292』二〇〇四年年六月九日
土井忠生『吉利支丹文献考』三省堂 昭和三十八年
Thomas Aquinas, *Summa Theologiae*, I - II, q.49 - q.54.
トマス・アクィナス/稲垣良典訳『神学大全』第十一冊(第二 - 一部四十九 - 七十問題)創文社 一九八〇年
七宮涬三『陸奥南部一族』新人物往来社 昭和六十二年
中村健之助『宣教師ニコライと明治日本』岩波書店 一九九六年

中山裕樹編『高山右近 キリシタン大名への新視点』宮帯出版社 二〇一四年
西堀昭『増訂版 日仏文化交流史の研究』駿河台出版社 一九八八年
西村貞『キリシタンと茶道』全国書房 一九四八年
日本カトリック中央協議会 Web Site (http://www.cbcj.catholic.jp/jpn/)
日本聖公会管区事務所 Web Site (http://www.nskk.org/province/seikoukai.html)
日本メソジスト弘前教會『弘前教會五拾年略史』大正十四年
『函館ハリストス正教会史 亜使徒日本の大主教聖ニコライ渡来150年記念』函館ハリストス正教会二〇一一年
レオン・パジェス/クリセル神父校閲・吉田小五郎訳『日本切支丹宗門史』(全三冊) 岩波文庫 昭和十三年、十五年
長谷川成一編『津軽藩の基礎的研究』国書刊行会 昭和五九年
長谷川成一編『北奥地域史の研究:北からの視点Ⅰ 十六世紀末~十八世紀における支配と農政』名著出版 一九八八年
長谷川成一『近世国家と東北大名』吉川弘文館 平成十年
長谷川成一「伏見桃山城下の津軽家屋敷」新編弘前市史編集委員会編『市史ひろさき』第一号 弘前市市長公室企画課 平成十三年
長谷川成一「奥羽大名の肥前名護屋在陣に関する新史料について―文禄二年五月「誓紙一巻」の紹介と若干の考察―」新編弘前市史編集委員会編『市史ひろさき』第十号 平成十三年 弘前市企画部企画課
八戸近代史研究会『きたおうう人物伝 近代化への足跡』デーリー東北新聞社 平成七年
八戸教育史編纂委員会『八戸市教育史(上)』八戸市教育委員会 昭和四十九年
八戸社会経済史研究会編『概説八戸の歴史下巻1』北方春秋社 昭和三十七年
八戸社会経済史研究会編『写真で見る八戸の歴史 明治・大正の試練』北方春秋社 一九七〇年
八戸市史編纂委員会編『新編八戸市史近現代 資料編Ⅰ』八戸市 二〇〇七年
八戸市史編纂委員会編『新編八戸市史通史編Ⅲ 近現代』八戸市 二〇一四年
イザベラ・バード/高畑美代子訳『イザベラ・バード「日本の未踏路」完全補遺』中央公論事業出版 二〇〇八年
弘前市教育史編纂委員会編『弘前市教育史 上巻』弘前市教育委員会発行 昭和五十年
福田和也『大宰相・原敬』PHP研究所 二〇一三年
藤村重實編『八戸地区カトリック宣教百周年記念誌』八戸地区カトリック宣教百周年記念誌実行委員会発行 平成九年

ルイス・フロイス／木下杢太郎訳『日本書翰：一五九一至一五九二年』第一書房 一九三
ルイス・フロイス／松田毅一・川崎桃太訳『日本史1 豊臣秀吉篇Ⅰ』中央公論社 昭和五十
ルイス・フロイス／松田毅一・川崎桃太訳『日本史2 豊臣秀吉篇Ⅱ』中央公論社 昭和五十二年
ルイス・フロイス／松田毅一・川崎桃太訳『日本史4 五畿内篇Ⅱ』中央公論社 昭和五十三年
ルイス・フロイス／松田毅一・川崎桃太訳『日本史5 五畿内篇Ⅲ』中央公論社 昭和五十三年
ルイス・フロイス／松田毅一・川崎桃太訳『日本史12 西九州篇Ⅳ』中央公論社 昭和五十七年
ルイス・フロイス／松田毅一・川崎桃太訳『完訳フロイス日本史1 将軍義輝の最期および自由都市堺 織田信長篇Ⅰ』中
二〇一〇年
ルイス・フロイス／松田毅一・川崎桃太訳『完訳フロイス日本史12 キリシタン弾圧と信仰の決意 大村純忠・有馬晴信篇Ⅳ』中央
二〇一〇年
本田伸『弘前の藩（シリーズ藩物語）』現代書館 二〇〇八年
フランシスク・マルナス／久野桂一郎訳『日本キリスト教復活史』みすず書房 一九八五年
毎日ニュース事典編纂委員会編『明治ニュース事典Ⅶ 明治36年／明治40年』毎日コミュニケーション 一九八六年
松井千恵「明治時代におけるキリスト教」『仙台白百合女子大学紀要』一号 一九七〇年
松田毅一監訳『十六・七世紀イエズス会日本報告集第Ⅰ期第1巻』同朋舎出版 一九八七年
松田毅一監訳『十六・七世紀イエズス会日本報告集第Ⅰ期第5巻』同朋舎出版 一九八八年
松田毅一訳『十六・七世紀イエズス会日本報告集 第Ⅱ期第2巻』同朋社出版 一九九六年
松田毅一訳『十六・七世紀イエズス会日本報告集 第Ⅲ期第5巻』同朋社出版 一九九二年
松野武雄「津軽の切支丹」『キリシタン迫害と殉教の記録（下巻）』フリープレス 二〇一〇年復刻版
松村菅和・女子カルメル修道会訳『パリ外国宣教会年次報告Ⅰ（1846〜1893）』聖母の騎士社 一九九六年
松村菅和・女子カルメル修道会訳『パリ外国宣教会年次報告Ⅱ（1894〜1901）』聖母の騎士社 一九九七年
松村菅和・女子カルメル修道会訳『パリ外国宣教会年次報告Ⅲ（1902〜1911）』聖母の騎士社 一九九八年
松村菅和・女子カルメル修道会訳『パリ外国宣教会年次報告Ⅳ（1912〜1925）』聖母の騎士社 一九九九年
松森永祐「津軽切支丹の一考察」『弘前大学國史研究』十三号 弘前大学國史研究会 一九五八年

三井嘉雄「W・ウェストン、初めての日本―その来日の事情」『山と渓谷』七六二（前編）・七六三（後編）山と渓谷社 一九九九年
三井嘉雄『ウォルター・ウェストン 陸奥を歩く 明治三十六年の青森飢餓救援』戸来彌、新郷村役場 一九九二年
宮崎憲太郎「日本人のキリスト教受容とその理解」『日本人はキリスト教をどのように受容したか』国際日本文化研究センター 一九九八年
宮崎憲太郎「生活宗教としてのキリシタン信仰」『宗教研究』第七十七巻第二輯 日本宗教学会 二〇〇三年
村井早苗「蝦夷島におけるキリシタン禁制―津軽キリシタン史との関連を中心に―」弘前学院大学地域総合文化研究所編『地域学4』北方新社 二〇〇二年
盛田稔・長谷川成一編著『弘前の文化財 津軽藩初期文書集成―国立史料館蔵津軽家文書―』弘前市教員委員会 昭和六十三年
ペドゥロ・モレホン／佐久間正訳『日本殉教録』中央出版社 昭和四十九年
ペドゥロ・モレホン／野間一正・佐久間正訳『続日本殉教録』中央出版社 昭和四十八年
山下須美礼「八戸におけるハリストス正教会の成立と展開―受洗者名簿の記録から―」『弘前大学國史研究』一二四号 弘前大学 二〇〇八年
山村基毅『はじめの日本アルプス 嘉門自とウェストンと館潔彦と』バジリコ株式会社 二〇〇八年
結城了悟『キリシタンになった大名』聖母の騎士社 一九九九年
吉田小五郎『キリシタン大名』至文堂 昭和二十九年
横浜プロテスタント史研究会『横浜開港と宣教師たち――伝道とミッション・スクール』有隣堂 平成二十一年
デルカ・レンゾ「高山右近と当時の処刑・殺害概念について」『カトリック研究』八十一号 上智大学神学会 二〇一二年

＊新聞（発行年・日付は省略）
『時事新報』
『デーリー東北』
『東奥日報』
『東京朝日新聞』
『読売新聞』
*The Japan Weekly Mail*

＊聖書

『新共同訳聖書』（続編つき）日本聖書協会 二〇〇九年度版
フランシスコ会聖書研究所訳『聖書 原文校訂による口語訳』二〇一一年
新約聖書翻訳委員会訳『新約聖書 福音書』（佐藤研訳）岩波書店 一九九五年
山浦玄嗣訳『ガリラヤのイェシュー』イー・ピックス社 二〇一一年
*THE HOLY BIBLE The Revised Standard Version Containing the Old and New Testaments*, Authorized King James Version, A MERIDIAN BOOK. 1974

著者紹介

**木鎌　耕一郎**（きかま・こういちろう）

一九六九年、神奈川県生まれ。南山大学文学部哲学科、同大学院文学研究科神学専攻博士前期課程修了。八戸大学商学部助手等を経て、現在、八戸学院大学人間健康学部教授、弘前大学人文学部非常勤講師。専門は、キリスト教学、西洋思想。著書に『津軽のマリア 川村郁』（聖母の騎士社 二〇〇九年）、訳書に『聖なる住まいにふさわしき人 エディット・シュタイン列聖のドキュメント』（同 二〇〇二年）、科研費報告書に「エディット・シュタイン列聖をめぐるカトリックとユダヤ教の宗教間対話に関する研究」（二〇〇四～二〇〇五年度 若手B）、「エディット・シュタインの手紙公開をめぐる論争に関する調査と文献研究」（二〇〇七～二〇〇八年度 基盤C）がある。



**青森 キリスト者の残像**

著　者　木鎌耕一郎
発行所　イー・ピックス［大船渡印刷出版部］
発行日　2015年3月
代表者　熊谷雅也
〒022-0002 岩手県大船渡市大船渡町字山馬越44-1
電話 0192-26-3334　http://www.epix.co.jp
デザイン・組版　及川デザイン室
印刷所　（株）平河工業所